スピンを操る

The Approach Palette

ジ アプローチ パレット

伊澤秀憲 著

Introduction

ゴルフは自己構築で上手くなる！

私は、「アンダーパーゴルフ倶楽部」というYouTubeチャンネルで、ウエッジの試打動画やショートゲームを中心としたレッスン動画を配信しています。ありがたいことに大変多くの方から、わかりやすい、奥が深いといった評価をいただいています。

　私のレッスンのなかで、キーワードの1つとなっているのが「自己構築」です。これは自分で次の一打で何が求められているのかを把握し、そのために必要な情報を集めて、どのような球を打つかを決める。そして、その球を打つためにどうクラブを使うのか、そのためにどう構えるのかを組み立てることです。

こう聞いただけだと難しそうに感じるかもしれません。それってプロ並みの練習量が必要で、経験を積み上げていかなくては「自己構築」なんてできないのではないかと考えてしまうかもしれません。

でも、それは、アプローチの技術というものについて、整理されていないからだと思います。だから何がどうつながっていて、どういう理屈でどういう結果になるのかが見えてこない。それでは自己構築などできなくて当然です。

それを、整理する方法を考えてみました。14の要素に分け、それぞれの結果を確かめ、頭の中を整理していただく。それが伊澤式アプローチパレットです。14要素と聞くとかなり数が多くて大変だとは思います。確かに簡単な道のりではないと思います。が、まずはやってみる、試してみる、ことが重要だと考えます。体験をすれば学び、気づきがあります。その発見から驚きや喜びといったプレゼントがもらえます。つまり、成長過程ですら、楽しめるものである、ということです。

その際に、この場面ではこう打て、こういう構えで、と制約が多すぎると発見できる学びや気づきが減ってしまう恐れがあるため、本書ではそのような教え方を減らしています。また、人それぞれの筋肉量や柔軟性などに違いもありますし、ゴルフは常に同じ環境でボールを打てないスポーツです。だからこそ、このアプローチパレットを活用していただき、アプローチショットの中だけでも様々な種類があることを知っていただきたいのです。

芝の状態は季節や地域によって異なりますし、ゴルファー自身もその日の体調や感覚、クセがあります。一打ごとの状況が常に変わるのがゴルフであるからこそ、様々な状況に対応すべく、様々なことを想定しとにかく打ち、打った情報をインプットすることが重要なのです。その繰り返しこそが自己構築へとつながっていくので、ぜひ、皆さんなりの自己構築をすぐに始めてみてください。

パレットを実用化させるための技量を上げる練習法

「自己構築」してアプローチを打つ。
そのために必要な知識や技術を本書は
順を追って解説しています。

PART 1 アプローチパレットの正体!?

PART1ではアプローチを打つための準備や考え方を説明しています。本書の書名となっているアプローチパレット。アプローチパレットとはどんなものか。なぜ重要なのかが分かります。

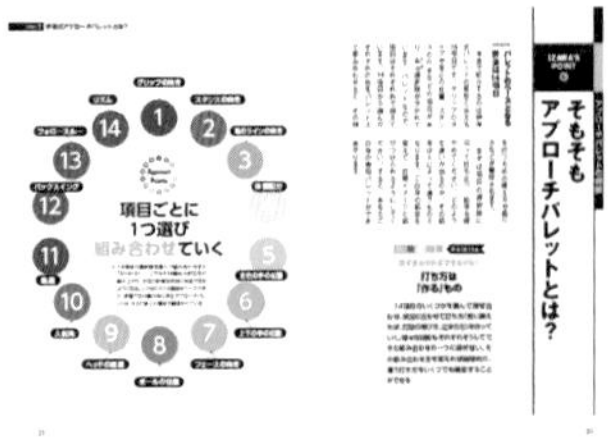

PART 2 アプローチパレット14の基本色

PART2ではアプローチパレットの基本色となる14項目の概要を解説しています。14項目にはそれぞれ3つの選択肢があり球筋を決める際の判断材料となります。自己構築をするための要素です。

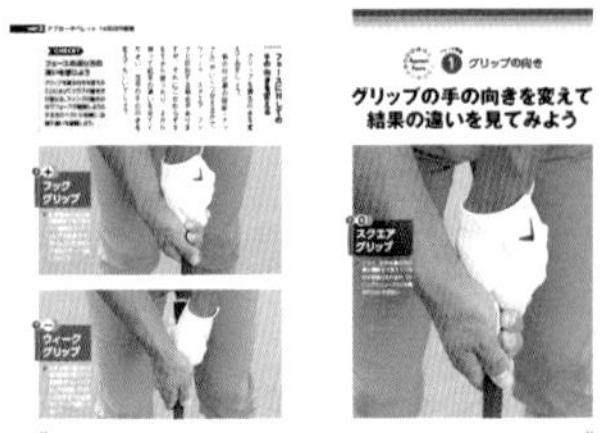

PART 3 パレットを有効活用するためには!?

PART3ではアプローチパレットを有効活用するために必要な知識、ライの説明です。14の基本色の組み合わせだけではパレットは完成ではありません。そこにライの状況を加味することで自分のパレットの使い方が仕上がります。

PART 4 実際にアプローチパレットを使う!

PART4は実戦です。想定したシチュエーションでどうパレットを組み合わせるかを自分なりに考えましょう。パレットの組み合わせや攻略法も併せてお伝えしているので参考にしてみてください。

PART 5 パレットを実用化させるための技量を上げる練習法

PART5はアプローチの技術を底上げするための練習法とドリルです。上達するための練習の仕方を知り、ショットの当て感やクラブの操作方法をドリルで体感洗練させていきます。

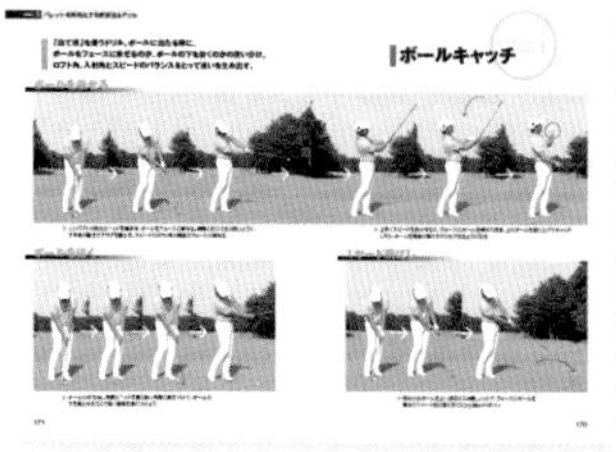

本書解説のスイングの基準

本書で紹介しているクラブの入射角（レベル、鈍角、鋭角）などは、伊澤秀憲自身の体軸基準で説明をしています。こちらの基準は人によって違う見解を持つ可能性がありますが、本書は伊澤の基準で解説しておりますことご了承ください。

CONTENTS

The Approach Palette

PART 1 伊澤式アプローチパレットとは？

PART 2 アプローチパレット14項目の概要

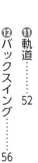

PART 3 パレットを活用するためのライの知識

PART 4 パレットを活用するシチュエーション例

Approach Palette

PART 1

伊澤式アプローチパレットとは？

IZAWA'S POINT ❶

アプローチの打ち方は「基本がない」ことが基本！

いわゆる基本だけでは対応が限られてしまう

アプローチの場面で多くの方は「こういう場面ではこう打つ」という〝基本〟や〝セオリー〟と言われる打ち方に頼ろうとされるのではないでしょうか？

しかし、その〝基本〟や〝セオリー〟と言われる打ち方通りにやっても必ずしも上手くいくとは限りません。そのため「アプローチは難しい！」といった苦手意識を持たれる方が多いのではないでしょうか。

本来、アプローチには「こう打つ」という決まりや基本のようなものはないのです。なぜなら、アプローチは絶対的に、毎回違う状況になるからです。だから毎回、対応も絶対に違ってくるはずなのです。ちょっとした条件の違いに対応していかなければ、上手く打つこと自体が難しくなりますし、仮に上手く打てたとしても結果として寄らないということがおきます。

でも……。状況に応じた対応をせよと言われても、困りますよね。

それをご自分で考えて、その場で組み立てられるようになるための方法を考え出しました。実際にプロや上級者がアプローチの状況で、経験や感覚を駆使してやっている手順ですが、無意識でやっているため、これまでだれも説明できませんでした。それを整理して説明していきたいと思います。

アプローチのテクニックは状況に合わせて作り出すものである

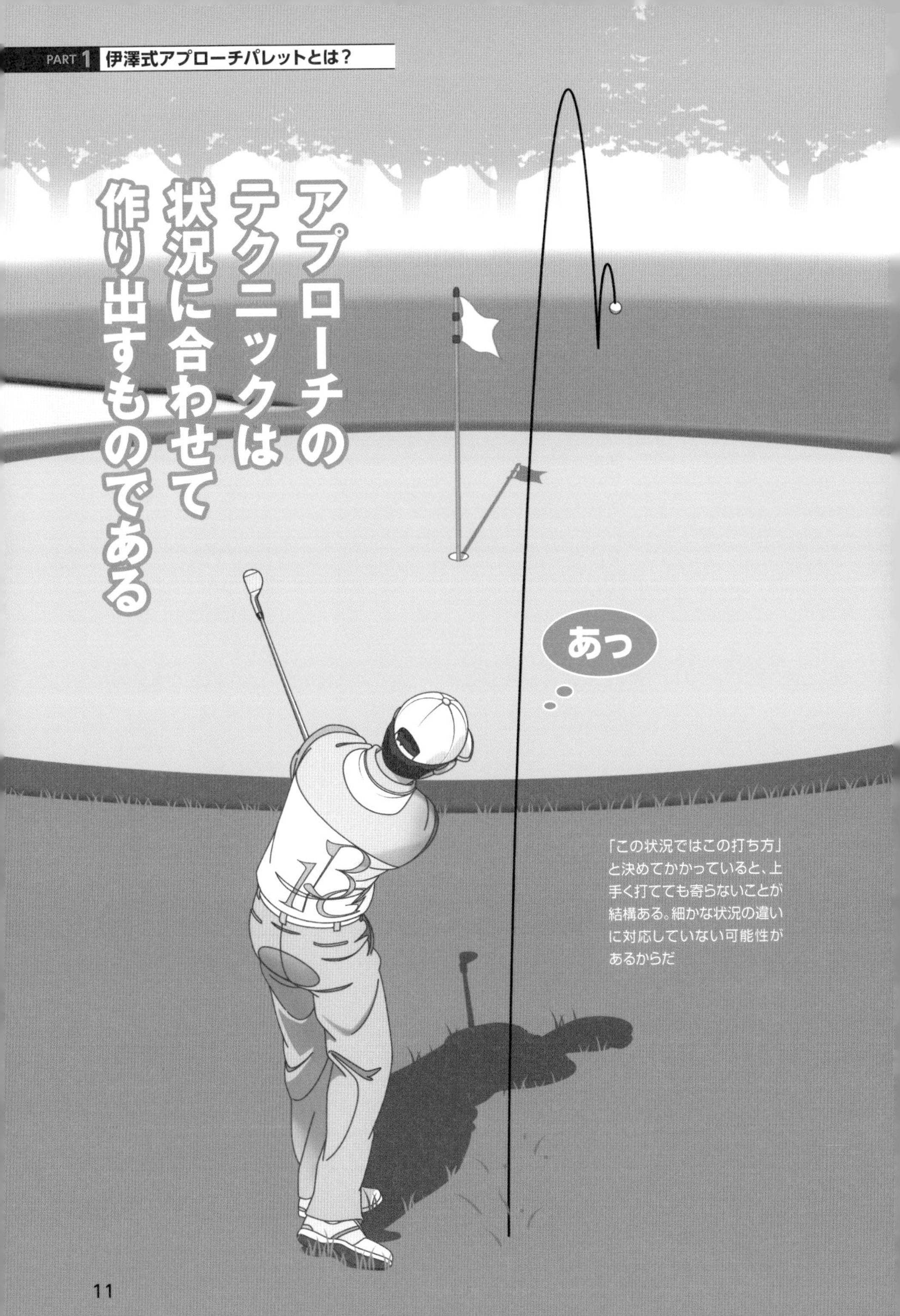

「この状況ではこの打ち方」と決めてかかっていると、上手く打てても寄らないことが結構ある。細かな状況の違いに対応していない可能性があるからだ

IZAWA'S POINT ❷

アプローチの第一歩

プロがやっている大事なこと。それは打つ前の「準備」だ！

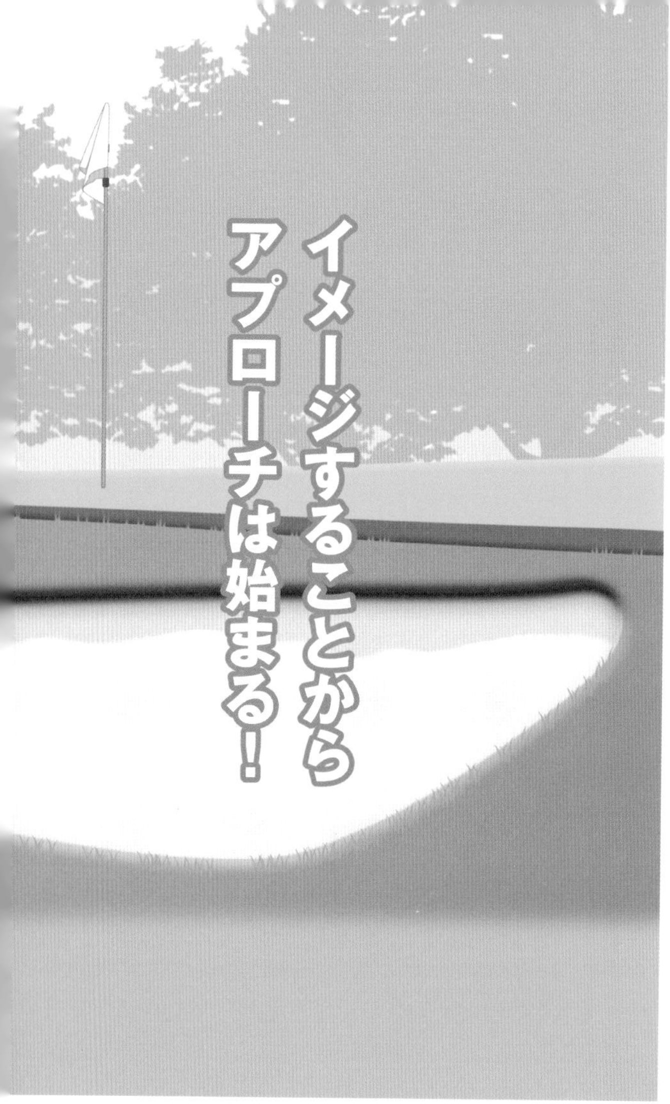

イメージすることからアプローチは始まる！

打つ球のイメージをいかに具体的に描くか

プロや上級者がアプローチでやっている大事なこと。それは「準備」です。その「準備」によって、寄るかどうかが決まると言えるほど重要なのですが、苦手な人はこれが上手くできていないと思います。

「アプローチではイメージが大切。イメージがなければ始まらない」と言う人が

ピンの位置、
グリーンの状況・・・
さて、どんな球を
打とうか!?

この本で紹介する方法で、アプローチの準備に必要な知識、つまり「こうすれば、こういう球が打てる」というロジックと、その経験をデータベースにストックできる。それをもって、アプローチの前にプロがしている準備の残り半分＝イメージ作りの段階に進む。

います。打つ直前の準備というのは、このイメージのことです。でも「アプローチが苦手だ」と言っている人にとっては、「イメージを出すって、どうすればいいの？」状態だと思います。

自分の中に、知識も、経験もない段階で、イメージを出すというのは、難しいと思います。そう、イメージを出すには知識や経験が必要なのです。その知識を体で覚え込んでおくことが「打つ前に必要な準備＝イメージ作り」のための、さらに一段階前の準備になります。この本では、体系的にそれらを身につける方法を紹介していきます。

練習場でやっておくべきこと

IZAWA'S POINT ③

ラウンドで使えるショットを見つけるため試しまくる

ゴルフの練習がもっと楽しくなる！

前ページで触れた「一段階前の準備」について、もう少し説明しましょう。

アプローチのイメージをつくるために、その材料となるものを持っておくことです。「こうすれば、こうなる」という知識がなければ、具体的なイメージをつくることはできません。

つまり、「こうすれば、こうなる」ということを自分で試し、その結果を頭に入れておく、言うなれば「技術の引き出し」を持っておくこと……。そのために、コースに行く前の練習が必要なのです。

しかも、いろいろな状況に対応するためには、技術の引き出しもたくさん必要です。

練習場のマットの上ででも得られるものはたくさんあります。さらに、身につけた技術を芝の上から打てるアプローチ練習場などで実際に試しておけば、準備は整っていきます。

アプローチ技術の引き出しを増やしていくためには、自己構築していくことが大切です。自分で球筋をイメージして色々な打ち方を試してください。そして、自分なりの「基準」を見つけられれば上達していくはずです。

アプローチの
技術の引き出しを
たくさん持とう！

IZAWA'S POINT ④

打つ直前の準備がさらに大事

ライやグリーンの状況確認がアプローチ成功のカギを握る

▶グリーンの状況を把握することで、どんな角度でどこに落とすのか、前へ進む球がいいのか止める球がいいのか、フック回転がいいのかスライス回転がいいのかなどが見えてくる

ボールのあるライとピンまでの状況を知る

「打つ前の準備＝イメージ作り」について、話を戻します。

事前の準備として技術の引き出しを持っておけばイメージは作れるかというと、残念ながら、まだ足りないものがあります。それが状況の判断。実はこれが最終的な成否のカギを握っていると言っても過言でな

**ボールがある
ライの状況
〈判断要素〉**

❶ライの種類
- ・フェアウェイ
- ・ラフ
- ・ベアグラウンド
- ・バンカーなど

❷芝の種類
❸芝の長さ
❹芝の密度
❺芝目
❻球の沈み具合
❼地面の固さ
❽傾斜
❾水滴の有無
＋
❿ボールの汚れ、水滴

Lie

▷ボールがあるライはどのような芝で、ボールは浮いているのか沈んでいるのか。それによって打ちやすい球、打ちにくい球が分けられる

いほど重要な要素です。
　そのポイントは2つ。ボールがあるライの状況と、ボールからピンまでの状況です。それをどう見るか、ということについてはパート3で説明していきます。

IZAWA'S POINT ⑤

状況把握から打球のイメージへ

「この状況だからこう打てばこういう球で寄る」が見えてくる

使える「技術の引き出し」を増やす最強ツール

▷アプローチにおいて大切なことは「準備」。その1つが事前にしておくべき引き出し作り。現場で状況判断をして打ちたい球のイメージを作る。あとは、打つだけになる。その結果がイメージと違った場合は、パレットの組み合わせを変えて試行錯誤を続けていく

すべてを組み合わせ寄せ方を組み立てる

事前の準備で作った「こうすれば、こんな球が出る」という技術の引き出し。そして結果に基づいた検証。アプローチパレットは各々の段階でも有効に活用できます。まずはパレットの項目ごとに様々な組み合わせを試してみて、どんな球筋になるかを知る。そうするといくつかの自分なりの組

み合わせ（技術の引出し）が見えてきます。

そして状況に応じてどのパレットの組み合わせが有効かを判断し「この状況だからあの打ち方が使える」「あの打ち方をこの状況に当てはめると、こういう球が出てこう寄っていく」というイメージが湧いてくるのです。あとはそれを実行するのみ。パレットを使った組み合わせを実際に試し、結果をみます。上手くいかなかった場合には、再びパレットに基づいて検証し、試してみる。その繰り返しでさらに組み合わせ（技術の引き出し）を増やしていくことができます。

IZAWA'S POINT 6

そもそもアプローチパレットとは？

パレットのベースとなる要素は14項目

本書で紹介するのは伊澤式パレットの原型と言える14項目です。グリップのタイプや重心の位置、スタンスの向きなどの項目があり、各々《めいめい》選択肢が分かれています。パレットなので、項目はそれぞれ色で例えています。14項目から選んだそれぞれの色をパレット上で組み合わせると、その球を打つための構え方や振り方などが整理されます。

まずは項目の選択肢に沿って打ち比べ、結果を確かめてください。どのような違いが出るのか、その結果は人によって違うものとなります。ご自身の結果を覚えて、打球イメージと結びつけられるようにしてください。すると、あなたご自身の専用パレットができあがります。

Palette

混ぜ合わせればできあがる！

打ち方は「作る」もの

14項目のいくつかを選んで混ぜ合わせ、状況に合わせて打ち方(言い換えれば、打球の飛び方、止まり方)を作っていく。様々な技術もそれぞれそうしてできた組み合わせの一つに過ぎない。その組み合わせ方を変えれば論理的に、違う打ち方をいくつでも構築することができる

項目ごとに1つ選び組み合わせていく

▶14項目の選択肢を選んで組み合わせると「3×3×3×……」で3の14乗もの打ち方が組み上がり、かなり多様な状況に対応できるようになる。じつはこの14項目はベースであり、伊澤プロの頭の中にあるアプローチパレットは、さらに多くの項目で構成されている

アプローチパレットの基本色

IZAWA'S POINT ⑦

アプローチに必要な14項目

グリップの向き	1	＋ フックグリップ 0 スクエアグリップ － ウィークグリップ	P.32
スタンスの向き	2	＋ クローズスタンス 0 スクエアスタンス － オープンスタンス	P.34
肩のラインの向き	3	＋ クローズ 0 スクエア － オープン	P.36
体重配分	4	＋ 右足体重 0 センター体重 － 左足体重	P.38
左右の手の位置	5	＋ 手が右(ハンドレイト) 0 センター(ニュートラル) － 手が左(ハンドファースト)	P.40
上下の手の位置	6	＋ 手が低い(ハンドダウン) 0 ニュートラル － 手が高い(ハンドアップ)	P.42
フェースの向き	7	＋ オープン 0 スクエア － クローズ	P.44

それぞれの選択肢で打球の質を変えられる

14の項目の打ち分けは、構え方（アドレス）8項目、振り方（スイング）6項目です。

各項目にそれぞれ3つの選択肢があり、選んで組み合わせることで、構え方や打ち方が決まります。そして打球の打ち出し角度や打ち出しの速度、回転の量と方向などを決められるのです。

ご自身の体の特性や動きのクセによって、得意なもの不得意なものも出てくると思います。その確認が実戦で大きな力になります。

項目	No.	+	0	−	ページ
ボールの位置	8	右足寄り	センター	左足寄り	P.46
ヘッドの加速	9	走らせない	ニュートラル	走らせる	P.48
入射角	10	鈍角	レベル	鋭角	P.50
軌道	11	インサイド・アウト	インサイド・イン	アウトサイド・イン	P.52
バックスイング	12	大きい	中間的	小さい	P.56
フォロースルー	13	小さい	中間的	大きい	P.58
リズム	14	速い	中間的	遅い	P.60

IZAWA'S POINT 8

上達のカギは「自分で考える」「試した結果からさらに学ぶ」

根拠のある成功を積み重ねよう

パレットの14項目から選んで混ぜ合わせ、それぞれの組み合わせでどういう球が出るかを知っておけば(引き出しを作っておけば)、その場その場で状況に合った打ち方、そして打球のイメージが湧いてきます。

伊澤式アプローチパレットを使って1つひとつ試しておくことで、こうした作業がすべて自分の頭の中でできるようになります。

次に大事なことは、現場でどんどん試して、経験すること。イメージ通りの打球が出たら大成功。たまたま成功したのではなく、根拠ある成功であることが特に大事です。根拠があるなら、再現できるのですから。

もちろん、イメージ通りの結果が出るとは限らないと思います。仮にそのショットがミスだったとしても、それ以前に試す、考えるの経験を積み重ねていれば、ミスの原因を知りやすくなります。そのような経験すらも上達につなげることは可能です。

また、ミスの経験が以降のアプローチショットにおいて、ミスを避けるための情報として役立ってくれます。つまり、このサイクルを続けることで、自分でどんどん上手くなっていける、ということです。

自己構築ができているゴルファー

▷状況判断のための情報を集め、判断し、打球のイメージをする。そして幅広い選択肢の中から構え方・打ち方を決めて、迷いなく打つ。その結果からフィードバックを得て次の参考にしている

失敗を繰り返す上達できないゴルファー

▷「花道からは転がしだ！」などと決めている。状況から得ている情報も少ないため、ライの微妙な違いに気づいていない。だから想定外の結果になっても、理由がわからない。そのため同じ失敗を繰り返してしまう

IZAWA'S POINT ⑨

「こうすればこういう球が出る」と「この状況ではこうする」をつなぐ

芝の状況、ピンまでの距離、グリーンの状態など考えるべきポイントを踏まえ、ご自身の中にある引き出しが多ければ、よりその環境に適した打ち方を選べることができます。そのためにも先述した通り、考えること、試すことがとても大切になり、その元にしていただきたいのが、この後に詳しく紹介する14項目に分かれている伊澤式アプローチパレットです。環境の違いを見極めることも大切ですが、同様に打つことでゴルフは成り立ちます。打つ上で、握り方、肩や足のライン、振り方など様々な要素を存在しているので、まずはそれを本書で知っていただき、練習場やゴルフ場にあるアプローチ練習場などでどんどん打ってみてください。

答えはいくつもあるのですが、その中で自分は何が得意なのかを知っておくことで自分なりのパレットの使い方がわかってきます。

適切な引き出しを選ぶためには……

14項目を試して「こうすればこうなる」がわかると、次の段階として「こういう状況ではこうする」の答えが出せるようになってきます。状況に「こうすれば、こうなる」を当てはめる作業になるわけです。

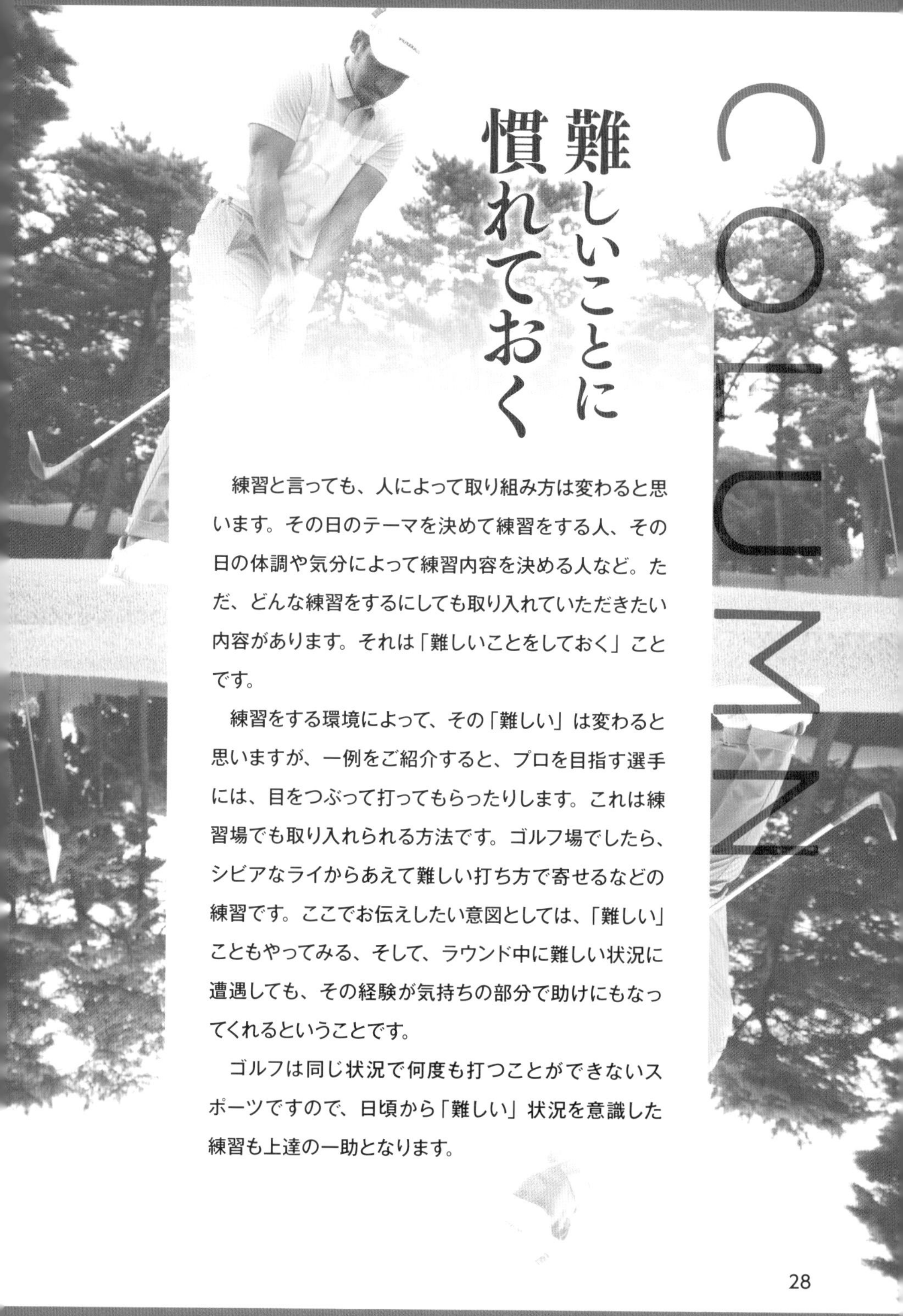

COLUMN

難しいことに慣れておく

練習と言っても、人によって取り組み方は変わると思います。その日のテーマを決めて練習をする人、その日の体調や気分によって練習内容を決める人など。ただ、どんな練習をするにしても取り入れていただきたい内容があります。それは「難しいことをしておく」ことです。

練習をする環境によって、その「難しい」は変わると思いますが、一例をご紹介すると、プロを目指す選手には、目をつぶって打ってもらったりします。これは練習場でも取り入れられる方法です。ゴルフ場でしたら、シビアなライからあえて難しい打ち方で寄せるなどの練習です。ここでお伝えしたい意図としては、「難しい」こともやってみる、そして、ラウンド中に難しい状況に遭遇しても、その経験が気持ちの部分で助けにもなってくれるということです。

ゴルフは同じ状況で何度も打つことができないスポーツですので、日頃から「難しい」状況を意識した練習も上達の一助となります。

Approach Palette

PART 2

アプローチパレット14項目の概要

パレットで自己構築の準備をする

覚えるべき14要素×3パターン

アドレスと打ち方の14項目をベースにする

アプローチの状況は、毎回絶対に違います。その違いに対応する方法は、無限に持っているほうが有利なはずです。それを組み立てる材料となるのが伊澤式アプローチパレットです。14の要素それぞれ3つの選択肢に分けられていますから、そのどれかを選ぶことで、打球の高さ、強さ、回転などを変えられます。どのような打球になるかを確認してください。これは、練習場でできることです。

　球の飛び方、止まり方が変わる一方で、さまざまなボール状況の違いに対し、当てやすく

MAX（最大）とMIN（最小）の範囲を確かめておく

1つの要素ごとに3つの選択肢で変えるパレットになっています。試していただきたいのは、例えばグリップならば「最大限のストロング」、「最大限のウィーク」がどれくらいなのかです。どこまで極端にできるのか。グリップだけでなく、どの要素でも試してみてください。

なったり、ずれに強くなったりもします。これについては、実際の現場で試してください。

変化のパターンによっては、今まで習ってきたセオリーから外れるものもあると思います。しかし、「基本」にとらわれていないで、どのようにでも打てることを確認してください。そうすると、状況によっては今まで「常識外れ」と思って試したことのなかった方法が一番やさしく打てたり、寄る確率が高くなったりすることもあると、わかると思います。

どの要素のどれを選ぶと、どういう打球が出る、という説明の仕方はしていません。なぜなら、人によって結果が違うはずなので、それを自分で確かめて自分のものにしてほしいからです。

一つの要素の変化だけでも打球は変わりますが、いくつかの要素を組み合わせるとさらに、いろいろなことが変わります。最初は、14種類全部を組み合わせなくてもよく、やりやすいものだけでもいいと思います。

パターンの変化を「数値化」する

次に試していただきたいのは「最大限のストロング」を100、「最大限のウィーク」をマイナス100として、その中間にある握りの向きの度合いを数値化する感覚を持ってほしいのです。そうすると、各要素について「3パターンの変化」ではなく、無限のバリエーションがあることがわかると思います。

Approach Palette

パレット要素 1 グリップの向き

グリップの手の向きを変えて結果の違いを見てみよう

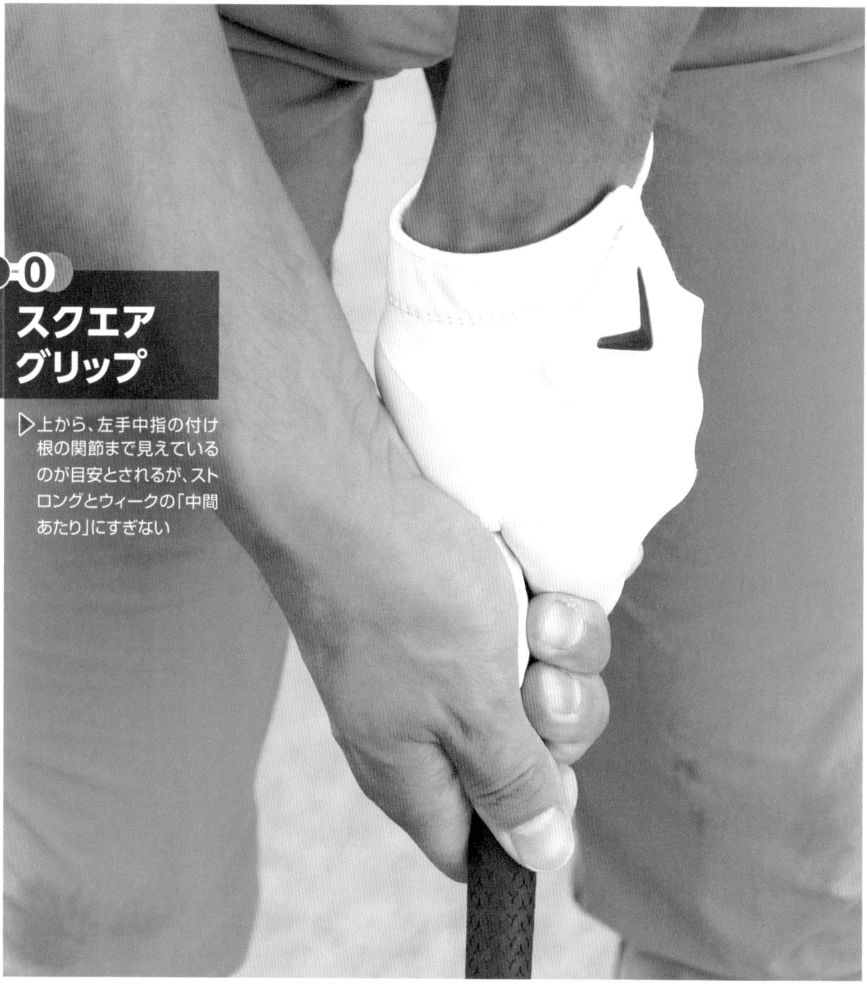

1-0 スクエアグリップ

▷上から、左手中指の付け根の関節まで見えているのが目安とされるが、ストロングとウィークの「中間あたり」にすぎない

フェースに対しての手の向きを変える

グリップを握る向きを変えてみましょう。

指の付け根の関節（ナックル）がいくつ見えるかで、ウィーク、スクエア、フックと区別する場合がありますが、それにこだわらず手を下から握ったり、上から握って結果の違いを見てください。左右の手の向きを変えてもいいでしょう。

CHECK!

フェースの返り方の違いを感じよう

グリップを握る向きを変えることによってクラブの動き方が変わる。スイングの動きの中でフェースが開閉しようとする力のベクトルを感じ、出球の違いを確認しよう。

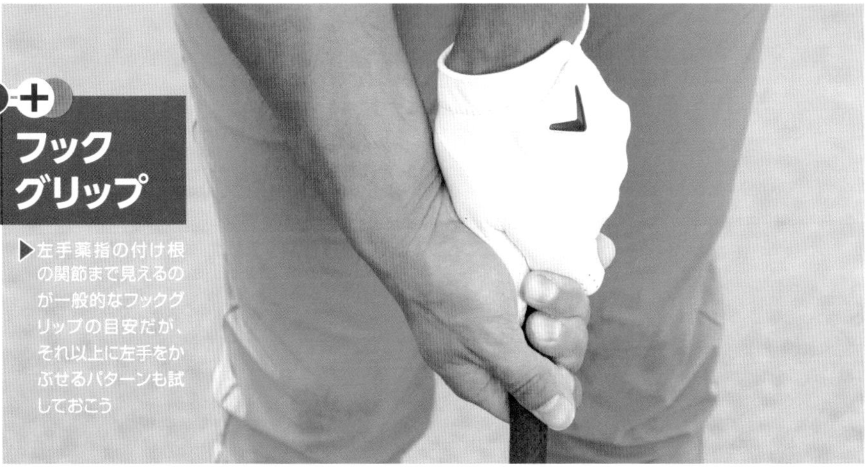

1-＋ **フックグリップ**

▶左手薬指の付け根の関節まで見えるのが一般的なフックグリップの目安だが、それ以上に左手をかぶせるパターンも試しておこう

1-ー **ウィークグリップ**

▶左手人差し指の付け根の関節が見えている程度がウィークグリップの目安。だがさらに左手を下から握るパターンも試してほしい

Approach Palette

パレット要素 2 スタンスの向き

アドレスでの体の向きも変えてもいい要素の1つ

2-0 スクエアスタンス

▷足のラインの向きを目標に向け、飛球線と平行に立つのがスクエア。通常は、両カカトを結ぶラインが基準

目標方向に対しての足の向きを変える

足の向きも変えていい要素です。両カカトのラインを、飛球線と平行にするのがスクエアで、このラインを目標の右に向ければクローズ。逆に、目標の左に向けるのは、オープンスタンスです。足の向きにかかわらず狙った方向に打ち出したり、球がどのような回転になるか確かめましょう。

CHECK!

ヘッドの動き方の違いを感じよう

スタンスの向きを変え、それぞれの向きでヘッドを走らせる打ち方、走らせない打ち方を試そう。相性の違いや体の回り方の違いを確かめておく。

2-＋ クローズスタンス

▷足のラインを目標の右に向けるのが、クローズスタンス

2-ー オープンスタンス

▷足のラインを目標の左に向けるのがオープンスタンスになる

両肩を結ぶラインを足の向きと変えてもいい

3-0
スクエア×スクエア

▷スタンスの向きがスクエアで、肩の向きもスクエア

スタンスラインと肩の向きを変える

スタンスの向きに対して、肩のラインを平行にして構えるのは一つの選択肢に過ぎません。これも変えていい要素です。スタンスの向きにかかわらず肩をクローズにしたりオープンにしたりしてみましょう。

逆に、肩を目標に対してスクエアにし、スタンスをオープンやクローズにすることも試してください。

CHECK!

スクエアだけが正解ではない

同じ目標に対してスタンスと肩のラインを変えてみると、立ちやすい、振りやすい、イメージしやすいと感じる向きがあるかもしれない。

3 ＋ スクエア×クローズ

▷スタンスに対して肩のラインを閉じて構える

3 − スクエア×オープン

▷スタンスに対して肩のラインを開いて構える方法

パレット要素 4 体重配分

体重を乗せる位置を両足の間で変えてみる

4-0 センター体重

▶重心をスタンスの真ん中に置く。「真ん中」というのは自分の感覚でいい

体重の位置で変わる要素を確かめる

体重を乗せる位置も変えられる要素です。

スタンス幅の中間に乗せた状態、右足に多く乗せた状態、左足に多く乗せた状態をそれぞれ試してください。

ボールの位置、手の位置との組み合わせで、数多くのパターンを作れると思います。

CHECK!

自分が振りやすい重心位置を探す

重心位置についても自分がイメージしやすいとか振りやすいと感じる位置がある。ライの状況や傾斜によっても変わることにも気をつけたい。

4 ＋

右足体重

▶右足に体重を多く乗せる。最大限は右足に100パーセントとなる

4 ー

左足体重

▶左足に体重を多く乗せる。これも最大限は左に100パーセント

グリップの位置を変えて シャフトの傾きを変えてみる

5-0
センター（ニュートラル）

▶重心、手、ヘッドを中心にセット。シャフトはほぼ垂直になる

シャフトの傾きが変わる影響を確かめる

重心位置、手の位置、ボールをすべてスタンスの中央に置くと、クラブシャフトはほぼ垂直になります。その状態から、手の位置を左右にズラしてみましょう。

手の位置を左にすれば「ハンドファースト」でロフトが立ちます。手を右にすれば「ハンドレイト」でロフトが寝ます。

CHECK!

ライの違いとの相性を確かめる

ライが変わると、手の位置の違いによって打ちやすさや球質（打ち出しの高さ、スピン量など）が変わることも確かめておいてほしい。

5-＋
手が右
（ハンドレイト）
重心やボールの位置を変えず、手の位置を右にすると、シャフトが後ろに倒れ、ロフトが寝る

5-－
手が左
（ハンドファースト）
重心やボールの位置を変えず、手の位置だけを左にすると、シャフトが前に倒れ、ロフトが立つ

Approach Palette

パレット要素 6 上下の手の位置

手の高さを変えて フェースの向きを変える

6-0 ニュートラル

▷クラブのライ角に合わせて構えると、リーディングエッジを向けた方向にフェースの面が向く

手の高さを変えると フェースの向きも変わる

フェースの向きはフェースの開閉だけでなく手の位置でも変えることができます。手を低く（ハンドダウン）するとヘッドはトゥが浮いてフェースが左を向きます。手を高く（ハンドアップ）するとヘッドはヒールが浮きフェースは右を向きます。

CHECK!

フェースの向きの調整方法

手の位置を低くするとフェースが左を向くが、フェースを開くことでその向きを調整することができる。手の位置とフェースの開閉の組み合わせでフェースの向きを調整する

6＋ 手が低い（ハンドダウン）

▷手の位置を下ろすと、ボールと離れ、ヘッドはトゥが上がる。フェースの面は左を向く

6－ 手が高い（ハンドアップ）

▷手の位置を高くすると、ボールに近くなり、ヒールが浮く。フェースの面は右を向く

Approach Palette

パレット要素 7 フェースの向き

フェースの向きを開いたり閉じたりしてもいい

7-0 スクエア

▶フェースの面を目標に真っすぐ向けて構える

向きを変えると ロフト角も変わる

フェースの向きも変えていい要素です。スクエアを基準にして、フェースを開いたり、閉じたりして打ち比べ、違いを確かめてみましょう。

要素⑥「上下の手の高さ」で説明したように、手の高さを変えてフェース面の向きを変えたこととの組み合わせも試してみてください。

CHECK!

フェースの開きと球の乗り方の違い

フェースの開き方で、インパクトでボールが乗ったり抜けたりする感覚が変わる。フェースの向きが違えば回転の仕方が変わることも確かめよう。

⑦＋

オープン（フェースを開く）

▶フェースを右に向ける（開く=オープンにする）

⑦－

クローズ（フェースを閉じる）

▶フェースを左に向ける（フェースを閉じる=クローズにする）

Approach Palette

パレット要素 8 ボールの位置

ボールの位置を変えて打球結果を確かめておく

8-0

センターにボールを置く

▷ボールをスタンスの真ん中に置いて構える

手や体重の位置と合わせて考える

ボールの位置も変える要素の一つです。はじめに、他のことは特に考えず、ただボールの位置だけを変えて、結果を見てください。

さらに、体重配分（要素④）、左右の手の位置（要素⑤）と組み合わせてみると、結果のバリエーションが広がります。

CHECK!

ライに応じて打ちやすさが違う

ライが変わると、イメージの出しやすさや打ちやすさがボールの位置で変わる。自分にとって上手く打てる確率の高い位置を探そう。

8 ＋

右足寄りにボールを置く

▷ボールを右に置く。これも、どこまで右にできるかを確かめておく

8 －

左足寄りにボールを置く

▷ボールを左に置く。どこまで左に置けるかも確かめておくといい

Approach Palette

パレット要素 9 ヘッドの加速

ヘッドを走らせるか遅らせるかで違いを見る

9-0

ニュートラル

▶手先の動きと体幹の回転を適度に組み合わせて、スイングを作る。ヘッドを加速させる感覚も中間的になる

手首の動きを使うか使わないか

ヘッドの動きを作る際、通常は手も体も使っていると思います。その手と体の、使い方の比率を変えてみましょう。手を多く使うとヘッドを加速させる感覚になります。

手だけで振ることもできますし、体の回転だけで振ることもできます。その中間にニュートラルがあります。

CHECK!

高さ、スピンと落ち方も変わる

当てるときのヘッドの走らせ方の違いで、ボールのスピード、打ち出し角、スピン量が変わる。落下角度が変わることにも注目してみよう。

9-一
ヘッドを走らせない

▷手首の動きを抑え、体の回転でクラブを振る。ヘッドは等速で動かしているイメージになる

9-一
ヘッドを走らせる

▷手首の動きを使ってヘッドの動きを加速させる力を加え、リリースしながら打つパターン

Approach Palette

パレット要素

10 入射角

ヘッドの入れ方を変えて ボールの出方の違いを見る

10-0 レベルブロー

▷鋭角でもなく、鈍角でもない入射角で下ろす

「上と下」を知りレベルを探る

クラブヘッドがボールに向かっていく角度のことを入射角と言います。水平となるレベルを基準に、鋭角にヘッドを下ろしていくのと鈍角にヘッドを下ろしていく2つを大別できます。

ヘッドを下ろす角度は人それぞれでここでは伊澤流として解説、動作の紹介をしています。

CHECK!

ライによって相性が変わる

ライの状況によって、鋭角、鈍角の相性が変わる。ボールの浮き具合によって、当てやすさも変わる。結果としての球質の違いも確かめておこう。

10 ＋

鈍角で下ろす

▷ボールが浮いている場合は、入射角を鈍角（アッパーブロー）にしても打てる。写真の場合は手首のリリースを早めている

10 －

鋭角で下ろす

▷ヘッドがボールに入っていく角度を鋭角（上から）にする。写真の場合は、手首のリリースを遅らせている

Approach Palette

パレット要素

11 軌道

振る方向（プレーンの向き）を変えて違いを見る

11-0 スタンスライン:スクエア×インサイド・イン

▷スクエアに構えたうえで、インサイド・インのスイングプレーンで振った場合

フェースの向きとの関係を意識する

スイングプレーンの向き（言い換えればクラブを振る方向）を変えることもできます。肩のラインに平行に振るのがインサイド・インで基準となります。それに対してインサイド・アウトやアウトサイド・インで振って違いを見てください。

その際、プレーンの向きがターゲットに対してどのような向きになるかも意識します。体の向きとフェースの向きをスクエアにしておき、同じターゲットに対して振る方向を変えて打ったのが下の写真です。

⑪-＋

スタンスライン:スクエア×インサイド・アウト

▷スクエアに構え、インサイド・アウトのスイングプレーンで振った場合

11

スタンスライン:スクエア×アウトサイド・イン

▷スタンスをスクエアにし、アウトサイド・インのスイングプレーンで振る場合、スライス回転であまり転がしたくない状況に合う

14要素の絡み合いで結果は変わる

ある要素を変えたときに、球質がどう変わるのか。その際、ほかの要素も影響を受けて自然に変わっていたりすることにも注意を向けてみたい。要素ごとに組み合わせを変えて結果を見ることにもトライしてほしい。

CHECK!

フェースの向きと軌道の向きの関係

ターゲットに対しての軌道の向きとフェースの向きとの差によって、スピンが変わる。どの方向に球が出てどういう回転になるかを確かめよう。

スタンスの向きや肩の向きを変えた構え方で軌道を変えることもできる

スタンスライン:オープン×インサイド・アウト

▶スタンスをオープンにし、インサイド・アウトにクラブを振る場合、フック回転のピッチエンドランを打ちたい状況に合う

スタンスライン:クローズ×インサイド・イン

▶スタンスをクローズにし、インサイド・インのスイングプレーンで振る場合、フック回転でランニングを打ちたい状況に合う

Approach Palette

パレット要素

12 バックスイング

バックスイングの大きさを変えて同じ距離を打ってみる

12-0 中間的な振り幅

▷バックスイングとフォローのサイズを同じにする

振り幅で距離は決まらない

振り幅は、バックスイング側とダウンスイング側のサイズをそろえる、つまり左右対称の振り幅で振る方法があります。これも、そうしなくてはいけないということではなく、選択肢の一つなのです。まずはバックスイングの大きさを大きくしたり小さくして打ってみましょう。

CHECK!

同じ振り幅で違う距離を打つ

同じ振り幅でもほかの要素を変えることで違う距離が打てるし、違う振り幅で同じ距離を打つこともできる。つまり振り幅では打つ距離は決まらない。

⑫ ＋

バックスイングが大きい

▶左右対称でイメージした振り幅よりもバックスイングを大きくする

⑫ －

バックスイングが小さい

▶左右対称でイメージした振り幅より小さくバックスイングする

パレット要素 13 フォロースルー

フォローの大きさを変えて打球の違いを見る

13-＋
フォローが小さいスイング
▷バックスイングに比べ、フォローを小さくする

振り幅は左右対称でなくてもいい

振り幅は左右対称ではなくてもいいと説明しましたが、フォローの大きさを変えることを意識して、結果を変えることもできます。

フォローの大きさを変える意識を持った結果、動きの何が変わり、ボールへのヘッドの入り方や打球がどう変わったのかを確かめましょう。

CHECK!

ヘッドが当たる感覚の違いを確かめる

フォローの大きさを変えながら打つ、運ぶ、抜かすなどの意識を持ってやってみる。

⑬-一

フォローが大きいスイング

▷バックスイングに比べ、フォローを大きくする

Approach Palette

パレット要素 14 リズム

リズムやテンポを変えて距離と球質の違いを見る

一定のリズムだけが正解とは限らない

「自分のリズムとテンポ」がどのような速さか意識しておくことは大事です。しかし、これも変えて確かめておくことの1項目になります。

テンポを変えるほか、リズムを変える（バックスイングとダウンスイングのスピードを変える）ことも試してください。

CHECK!

ショットによって速さを変えてみる

まずは「自分のテンポ」をもつことが大切。それを確立したら、変えてみる。リズムを変えることで、飛ぶ距離や球質の違いを確認しておく。

14-0 中間的なテンポ

▶速いテンポと遅いテンポの中間のテンポで振る。さらに数値化して細かくスイングを作り分けられると良い

14-＋ より速いテンポ

▶グリーンが柔らかく重たいときに速いテンポのスイングが必要になることがある

14-－ より遅いテンポ

▶グリーンが硬く速いときには、遅いテンポのスイングが必要になることがある

COLUMN

根拠のある成功体験を積み重ねる

ある状況において、なんとなく打って成功したパターンと、考えて打って成功したパターンでは大きな差があります。考えて打つパターンであれば、そのショットが成功であれ失敗であれ理由を知ることができます。つまり、成功ならば根拠のある成功体験になり、仮に失敗したとしてもミスの原因を遡って探すことができます。

ご存知の通りアプローチは毎回違った状況で打つことを余儀なくされます。目指すところは無意識（条件反射的）に、それらに対応できることなのですが、そうなるためには考えに考え抜いてイメージを作り、それを実行すること。この本のなかで何度かお伝えしていますが、考えることが重要です。

同じ成功でも考えて打つショットであれば根拠のある成功体験になり、その確率を少しでも上げていくこと。考えて打つことを習慣化していただき根拠のある成功体験を積み重ねてください。

Approach Palette

PART 3

パレットを活用するためのライの知識

ライの知識 ❶

パレットを有効活用するためには ライの状況確認が必須

ボールが微妙に浮いている

▶浮いているボールは、ヘッドの入れ方が自在に選べる。つまりパレットからの選べる範囲が広くなる

「クラブがボールにどう当たるか」はライに大きく影響される

▶ライの違いによって打球結果が変わる。違いを考慮し、状況にふさわしいパレットの選び方をしなければイメージした打球は出ない

パレットの選択に影響するのがライ

パレットを活用するためにはボールのライの見極めが重要になってきます。練習場ではできていたことでも、コースに出るとライの状況によって使えない場面も出てくるためです。パレット各要素の組み合わせに加えて、状況による影響をかみ合わせることで、コースでも狙いどおりの球を打つ方法を見つけることができます。

状況の要素も無限にあるわけですが、パレットの選び方に影響する代表的なものを紹介しておきます。

CHECK!

芝の種類でも状態は変わる

芝の種類や、季節による葉の強さの違いによってもボールの浮き具合は変わる。ヘッドの抜けに対する抵抗感も違うことを計算に入れよう。

ボールが微妙に沈んでいる

▶わずかに沈んでいるだけでヘッドの入れ方に制限がかかる。つまりパレットから選べる範囲が狭まり難易度が高まる

ライの知識 ②

芝の密度や深さによってラフの攻略法は変わる

ボールの沈み具合に応じ、ヘッドの入れ方と抵抗の大きさを天秤にかけて、パレットの組み合わせを決める。ボールから少し離れたラフで素振りをして抵抗の大きさを確かめておくといい

芝の抵抗の大きさを確認するのがポイント！

浮いているボールはパレット選びが自由！

ラフでボールが浮いている状況なら、ヘッドを上からでも下からでも入れてボールに当てて打ち出すことができます。

しかし、ボールがラフの中で沈んでいてボールの下にスペースがないと、芝の抵抗を受けてヘッドの抜けが悪くなりボールを思うように打ち出せなくなります。

ボールの見え方よりも芝の中の状態を見極める

▶「上から入れるか、下から入れるか」を決める要素は、葉先からの沈み具合(ボールがどのくらい見えているか)よりも、ラフの中で地表から浮いているかどうかのほうが重要だ

下に空間がない場合は上から入れるしかない

▶ラフから脱出するには上に向かって打ち出す必要がある。ヘッドを下から当てるほうが簡単だが、ボールの下に空間がなければ不可能。その場合はヘッドを上から入れてロフトで上げる方法を選ぶ

その抵抗がどの程度あって打球にどのように影響するかは、ラフの芝の種類、密度や長さ、季節による違い、水滴が多くあるかどうかなどで変わってきます。パレットの各要素をいろいろと変え、それぞれ結果を確認し、データを蓄積しておくことが最良の対応策になると思います。

CHECK!

ボールが動かないように注意しなければならない

ボールが地面から浮いているのか沈んでいるのかを調べる際、ボールが動いてしまうと罰打が課されるので注意しなければならない。動いてしまった場合は元の場所に戻す。

ライの知識 ③

逆目の芝は抜け方が独特。地面とのコンタクトを意識する

順目と逆目は色で見分ける

▶順目は光が反射しているので白く見える。逆目は濃い緑色に見えている

順目は抜けやすい

▶順目、つまりヘッドが抜けていく方向に葉が向いている場合、ソールが触れても前に進ませてくれる

ソールを使う意識を持とう

ヘッドがボールに当たり抜けていくときに、通常はソールが地面と触れます。

ボールの状況が結果を変えてしまうのは、ソールが地面に触れる際の反応が変わるからです。逆目でヘッドが上手く抜けていかなかったり、芝が薄かったり土がむき出し（ベアグラウンド）になっていて、ヘッドが跳ねてしまうこともあります。こうしたことは、ヘッドの入れ方や抜き方を変えたり、フェースを開いてバンスを飛び出させるなどで対応ができます。ソールがどう反応するかコントロールすることも、パレットを組み合わせる面白さの一つです。この感覚を磨いていきましょう。

順目はソールが滑ってくれる

逆目はソールが引っかかる

逆目は止まってしまう

▶逆目は、ヘッド側に葉が向いている。刃で当てに行けば刺さって止まるし、ソールを当てても減速させられる

CHECK!

ソールのどこを使うかで地面の反応が変わる

地面にクラブが当たってどのように抜けるのかは、ソールのどこが地面に当たるかで変わる。だからどこが地面に当たるかを意識してクラブを操作する。写真で示した5カ所を意識してみよう。

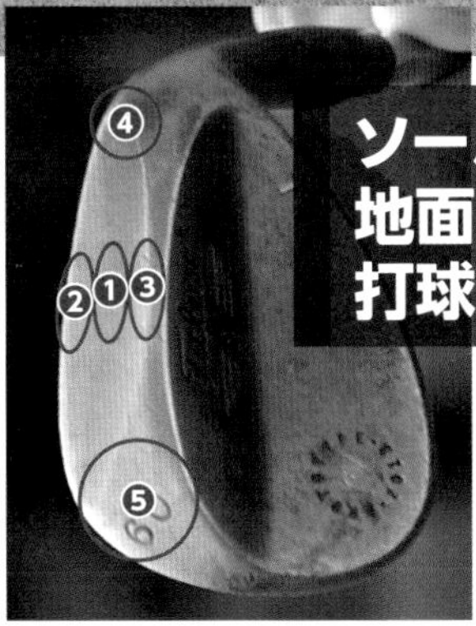

ソールがどう地面に当たるかで打球が変わる

▶ライの状況によっては、練習場のマットでの「こうすれば、こうなる」の結果が変えられてしまう場合がある。ソールが当たってどう抜けるかが違ってくるためだ

ライの知識 ④

傾斜によってフェースの向きやロフトが変わるので要注意!

左足上がりは斜面に沿って立つとロフトが寝やすい

▶左足上がりのライで斜面に沿って立つと、ロフトが寝た状態で当たりやすい。そのため、打ち出しは高くなりやすい

左足下がりは斜面に逆らうと入射角が変わる

▶ラフなどでライが浮いてる場合、左足下がりでも傾斜に逆らって立ち鈍角に入れられることもある

パレットの組み合わせを調整して対応する

ショットに大きな影響を与えるのが足場の傾斜です。ツマ先上がりやツマ先下がりでソールを地面につけるとフェース面の向きが変わります。それによって出球の方向や打球の回転軸が変わるため狙う方向を調整する必要があります。左足上がりや左足下がりでは、立ち方によってロフトが変わり打ち出しの高さやスピン量が変わります。ライに対しての入射角も変わるのでパレットの組み合わせを変えて対応します。

こうしたメカニズムを理解しておけば、傾斜が複合的に組み合わさったライでもプラスマイナスの計算で対応できるようになります。

ツマ先下がりは フェースが右を向きやすい

▶ツマ先下がりでソールを地面につけて構えると、リーディングエッジを真っすぐ目標へ向けても、フェースの面は右を向いた状態になりやすい

ツマ先上がりは フェースが左を向きやすい

▶ツマ先上がりでソールを地面につけて構えると、リーディングエッジを真っすぐ目標に向けても、フェースの面は左を向いた状態になりやすい

COLUMN

練習も自己構築ができる

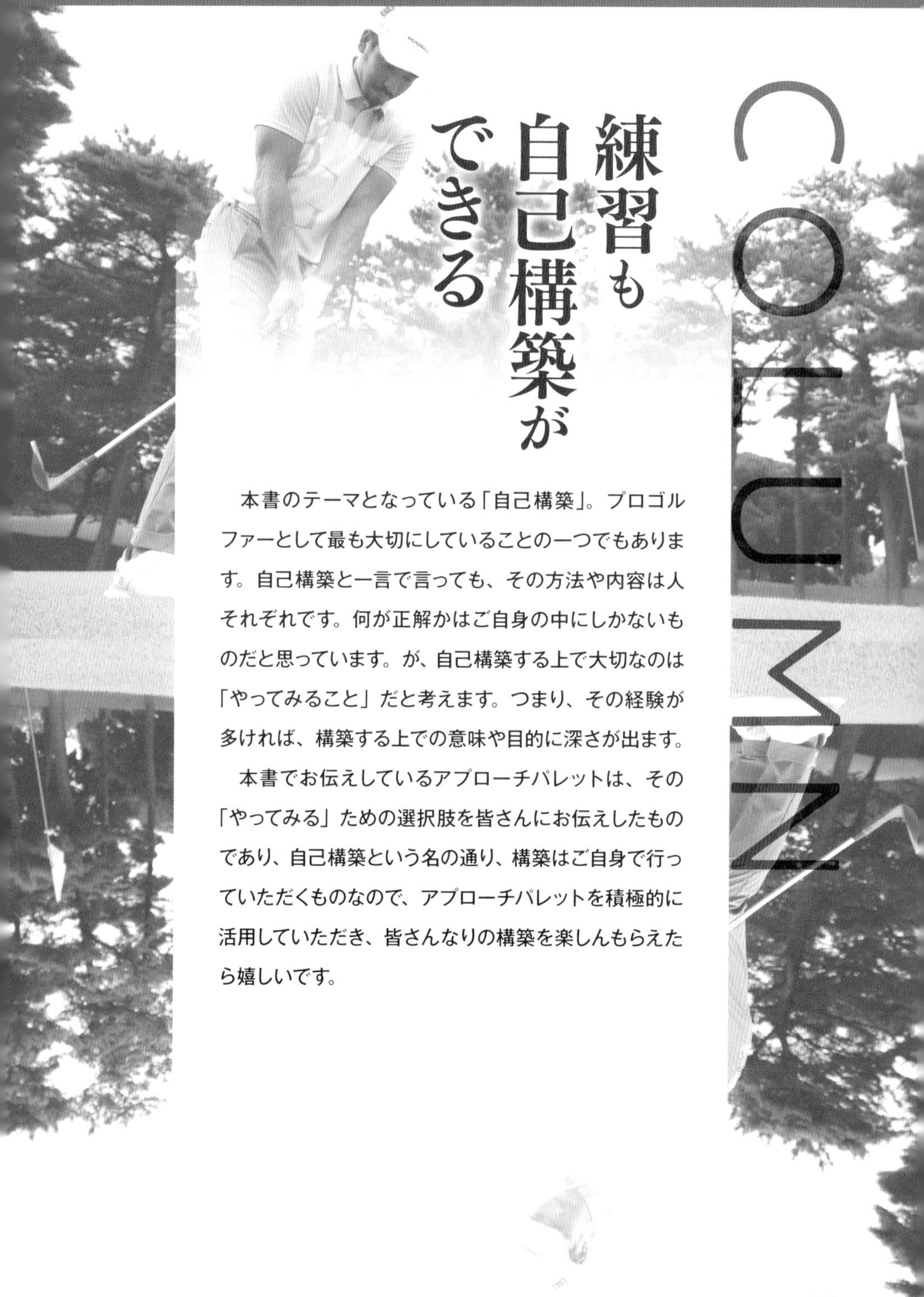

本書のテーマとなっている「自己構築」。プロゴルファーとして最も大切にしていることの一つでもあります。自己構築と一言で言っても、その方法や内容は人それぞれです。何が正解かはご自身の中にしかないものだと思っています。が、自己構築する上で大切なのは「やってみること」だと考えます。つまり、その経験が多ければ、構築する上での意味や目的に深さが出ます。

本書でお伝えしているアプローチパレットは、その「やってみる」ための選択肢を皆さんにお伝えしたものであり、自己構築という名の通り、構築はご自身で行っていただくものなので、アプローチパレットを積極的に活用していただき、皆さんなりの構築を楽しんもらえたら嬉しいです。

Approach Palette

PART 4

パレットを活用するシチュエーション例

状況の
攻略・提案❶

シチュエーション例に合わせたパレット例

どんなパレットを作るのか状況別に実例を紹介！

CHECK!

すべての選択には意図がある

14要素の組み合わせにおいて、つじつまが合っていないように思えるものがあるかもしれません。でもそれが逆に、状況に合わせて打ちやすくする工夫で、寄せる確率を高めるためだったり、保険を利かすための工夫だったりするのです。すべての選択にはなんらかの意図があります。パレット使いに熟練してくると、そうした意図も読み取れるようになると思います。

状況を把握しつつ アレンジしていこう

14要素を組み合わせて「どういう球が打てるか」という実践練習を実際のコースで取り組みましょう。

組み合わせる際に大切なのは、その環境をしっかり理解することです。ボールが置かれている状況や地面の傾斜の有無、グリーンの状況などをしっかり見極めようと考えることが大切です。

ここではある状況をシミュレーションし、14の要素からどのように選びパレットで色を混ぜ合わせて打ち方を考えているのか、その一例を紹介します。同じ状況下で、足を出して距離感を合わせる打ち方と、キャリーを出して止めて寄せる打ち方に大きく分け、14要素の選び方例を紹介します。

状況の攻略・提案❷

実際に試打をしながらマイパレットを作ろう

パレットの正解は自分で構築する

14項目から選び実践したとき、ボールが飛んだり飛ばなかったり、左に飛んだり右に飛んだり、スピンがかかったりかからなかったりすることでしょう。

項目それぞれに打球の特性はあります。例えば、パレット項目①のグリップをフックにすれば飛びやすい、ウィークにすれば飛びづらいと一般的には思われています。ですが、その他の13項目を組み合わせたとき、飛ぶ、飛ばないの現象が真逆になることがあります。つまり、項目を組み合わせると化学反応が起こり打球が変化するのです。そのため「正解はこれ！」と決めつけずに、実際に試打しながらマイパレットを作る作業が必要になります。

この章は大まかなシチュエーションを例にし「問題集」として出させていただきました。シチュエーションを紹介

14項目を判断・選択するのが難しい方へ

状況や打つショットによって変わりはするが、難しいと思う方は以下の３つからパレットを組み合わせて試してみよう。

グリップの向き❶　**フェースの向き❼**　**入射角❿**

じつはスタンスの向きやボールの位置などは、普段から意識して実践している項目。ただ、グリップの向きはいつも同じだったり、フェースの向きも開くことがあるけど閉じることはないなど、あまり意識、注意をしてはいない項目だったりする。また入射角は意識することで、スタンスの向きや肩のラインの向き、ボールの位置、体重配分などが連動してくる。この３つを意識すれば、それ以外の項目の「気づき」にもなる。

した次のページにマークシート式の「解答用紙」がありますので、自分なりに自己構築してみてください。

その次のページは、私が状況をイメージして自己構築をした例を入れさせていただきました。球筋の違った2パターンを紹介していますが、注意していただきたいのは、これが正解ではないということです。私の正解は皆さんの正解ではなく自分で導き出すものです。同じシチュエーションは1つとしてありません。ですので、同じ選択になるわけがないからです。パレットを組み合わせる参考にしていただければ、項目の相性も見えてきます。

シチュエーション 01

フェアウェイの花道

花道から30ヤードのアプローチを攻略する

SITUATION

✓ 距離	30ヤード
✓ 風	なし
✓ 状況	微妙な上り ピンまで上りのライン
✓ グリーンの固さ	普通
✓ グリーンの速さ	普通（9〜10フィート）
✓ ピンまでのライン	まっすぐ 左右の傾斜なし 左右のマウンドなし
✓ 芝の状況	良好／順目
✓ 芝の長さ&密度	普通（5〜6月頃）
✓ 地面の固さ	普通
✓ ボールの状態	微妙に沈んでいる

花道で、ピンまでマウンド越えなどでもなく、簡単だと思える状況だとしても、じっくりライを見て判断してください。この場面はボールが多少沈んでいるという想定。その対応のため多少の伊澤流味付けが加えられています。

アプローチ
パレット
解答用紙

パレット要素／14項目		＋	0	−	選択した項目・メモ
1	グリップの向き				
2	スタンスの向き				
3	肩のラインの向き				
4	体重配分				
5	左右の手の位置				
6	上下の手の位置				
7	フェースの向き				
8	ボールの位置				
9	ヘッドの加速				
10	入射角				
11	軌道				
12	バックスイング				
13	フォロースルー				
14	リズム				

パレットナンバーの詳細は ➡ 22～23ページ参照

Approach Palette 伊澤の攻略・提案 Ⓐ

パレット要素／14項目		＋	0	－	選択した項目・メモ
1	グリップの向き	⬤	◯	◯	フックグリップ
2	スタンスの向き	◯	◯	⬤	オープンスタンス
3	肩のラインの向き	◯	⬤	◯	スクエア
4	体重配分	⬤	◯	◯	右足体重
5	左右の手の位置	◯	◯	⬤	手が左 (ハンドファースト)
6	上下の手の位置	◯	⬤	◯	ニュートラル
7	フェースの向き	◯	⬤	◯	スクエア
8	ボールの位置	◯	⬤	◯	センター
9	ヘッドの加速	⬤	◯	◯	走らせない
10	入射角	⬤	◯	◯	鈍角
11	軌道	◯	⬤	◯	インサイド・イン
12	バックスイング	◯	◯	⬤	小さい
13	フォロースルー	◯	◯	⬤	大きい
14	リズム	◯	⬤	◯	中間的

Suggestion A

※こちらの状況写真はあくまでイメージです。
実際のシチュエーションとは異なりますので
ご了承ください。

上りでも届く! 止まりすぎないランニング

左足上がりでピンまで上っている「ショートしやすい」状況では、「止まりすぎない」ランニングを選びます。フックグリップでしっかりボールを乗せて推進力をつけ、ゆるまず振り抜いて届かせます

フェアウェイの花道の攻略・提案 Ⓐ

上りでも届く！ 止まりすぎないランニング

▶ボールが右足の前にあるように見えるが、スタンスがオープンのため、体の中心に対しては少しだけ右。小さめのトップで入射角は浅めにする

▶ハンドファーストのインパクト、アッパー軌道を意識する

Suggestion A

▶オープンスタンスでハンドファースト。フェースがやや開くのでロフトを立ててスクエアで構える

Approach Palette

伊澤の攻略・提案 B

パレット要素／14項目		+	0	−	選択した項目・メモ
1	グリップの向き	●	○	○	フックグリップ
2	スタンスの向き	○	○	●	オープンスタンス
3	肩のラインの向き	○	○	●	オープン
4	体重配分	○	○	●	左足体重
5	左右の手の位置	○	○	●	手が左（ハンドファースト）
6	上下の手の位置	○	●	○	ニュートラル
7	フェースの向き	●	○	○	オープン
8	ボールの位置	○	●	○	センター
9	ヘッドの加速	○	○	●	走らせる
10	入射角	○	○	●	鋭角
11	軌道	●	○	○	インサイド・アウト
12	バックスイング	○	●	○	中間的
13	フォロースルー	○	●	○	中間的
14	リズム	○	●	○	中間的

Suggestion B

※こちらの状況写真はあくまでイメージです。
実際のシチュエーションとは異なりますので
ご了承ください。

打ち上げで距離を合わす

少し沈んだライで、ボールの下にフェースを入れに行くため、フェースは開きます。開いたままでは下抜けしてショートするおそれがあるため、フックグリップでしっかりボールを乗せ、意図した距離まで届かせます

フェアウェイの花道の攻略・提案 Ⓑ

打ち上げで距離を合わす

▶フックグリップで握っているため、フェースが閉じる方向に力がかかる。それによってフェースにボールが乗りやすくなる

▶インサイドアウト軌道により、フェースが閉じながらのインパクトになり、フック回転の球筋になる。フェースにボールが乗りやすいので距離感が合わせやすい

Suggestion B

▶フェースを開いて構え、スピンをかけやすくする。しかしインパクトではフェースは立ちあがってきている

シチュエーション 02

バンカー越え

障害物を確実に越えて転がす!止める!

SITUATION

✓ 距離	35ヤード (バンカーまで10ヤード、バンカーの奥行き5ヤード、バンカーからエッジ5ヤード、エッジから15ヤード)
✓ 風	なし
✓ 状況	砲台グリーン ピンの周りは平ら
✓ グリーンの固さ	普通
✓ グリーンの速さ	普通
✓ 芝の状況	野芝／目はとくになし
✓ 芝の長さ&密度	セミラフ(5～6月頃の感じ) 5～10センチ ボールが浮く程度
✓ 地面の固さ	普通
✓ ボールの状態	ほとんど浮いている／濡れていない

バンカーはないとイメージしても意識してしまうのが「バンカー越え」。確実に障害物をキャリーで越えて、転がりすぎずに止まる打球を打てるようになっておきましょう。

アプローチ パレット 解答用紙

パレット要素／14項目		+	0	−	選択した項目・メモ
1	グリップの向き				
2	スタンスの向き				
3	肩のラインの向き				
4	体重配分				
5	左右の手の位置				
6	上下の手の位置				
7	フェースの向き				
8	ボールの位置				
9	ヘッドの加速				
10	入射角				
11	軌道				
12	バックスイング				
13	フォロースルー				
14	リズム				

パレットナンバーの詳細は ➡ 22~23ページ参照

パレット要素／14項目		+	0	−	選択した項目・メモ
1	グリップの向き	○	●	○	スクエアグリップ
2	スタンスの向き	○	●	○	スクエアスタンス
3	肩のラインの向き	○	○	●	オープン
4	体重配分	○	●	○	センター体重
5	左右の手の位置	○	○	●	手が左（ハンドファースト）
6	上下の手の位置	○	●	○	ニュートラル
7	フェースの向き	○	●	○	スクエア
8	ボールの位置	○	●	○	センター
9	ヘッドの加速	○	○	●	走らせる
10	入射角	○	●	○	レベル
11	軌道	○	●	○	インサイド・イン
12	バックスイング	○	●	○	中間的
13	フォロースルー	○	●	○	中間的
14	リズム	○	●	○	中間的

Suggestion A

※こちらの状況写真はあくまでイメージです。
実際のシチュエーションとは異なりますので
ご了承ください。

障害物を越すためにはハンドファーストで構え、ヘッドを走らせ、
打ち出しを高くし、キャリーを出して転がす

バンカー越えの攻略・提案 Ⓐ

キャリーも出して足も出す

▶ボール位置と体重位置はセンターにして構え、ヘッドを走らせることでロフトが寝る

▶ミートしやすい打ち方でバンカーを確実に越えて転がりすぎない球で寄せる

Suggestion A

▶ハンドファーストで構え、
少しロフトを立てる

パレット要素／14項目		+	0	−	選択した項目・メモ
1	グリップの向き	○	●	○	スクエアグリップ
2	スタンスの向き	●	○	○	クローズスタンス
3	肩のラインの向き	○	●	○	スクエア
4	体重配分	○	○	●	左足体重
5	左右の手の位置	●	○	○	手が右（ハンドレイト）
6	上下の手の位置	○	●	○	ニュートラル
7	フェースの向き	○	●	○	スクエア
8	ボールの位置	○	○	●	左足寄り
9	ヘッドの加速	○	●	○	ニュートラル
10	入射角	○	●	○	レベル
11	軌道	○	●	○	インサイド・イン
12	バックスイング	○	●	○	中間的
13	フォロースルー	○	●	○	中間的
14	リズム	○	●	○	中間的

Suggestion B

※こちらの状況写真はあくまでイメージです。
実際のシチュエーションとは異なりますので
ご了承ください。

ハンドレイトでアマでも打てる スピンショット

ハンドレイトにより、リーディングエッジが刺さるリスクは少ないので
積極的にダフるくらいのスイングをする。それによりソールが滑りイ
ンパクトの許容範囲が広がり、保険のきいたショットになる

バンカー越えの攻略・提案 Ⓑ

ハンドレイトでアマでも打てるスピンショット

▶スイング中は左足体重をキープ。手元が飛球線方向にズレないように注意

▶ボールの手前から落とすスイングでバウンスをすべらす意識を忘れずに

Suggestion B

▶ハンドレイトかつ左足体重で構え、ダブってもソールが滑ってくれる準備をする

シチュエーション 03

ラフ

ラフの抵抗とスピン量を計算して挑む

SITUATION

✓ 距離	40ヤード(エッジまで20ヤード、エッジから20ヤード)
✓ 風	なし
✓ 状況	受けグリーンの右サイドのラフ ピンまでは少し上り、ピンの奥は平ら ピンから15ヤードで奥エッジ グリーン奥にバンカー ピンの右サイドが高いのでフックライン
✓ グリーンの固さ	普通
✓ グリーンの速さ	普通
✓ 芝の状況	野芝のラフ
✓ 芝の長さ&密度	10センチ程度 (密度は中程度でボールが半分ほど沈んでいる状態)
✓ 地面の固さ	普通
✓ ボールの状態	地面から5センチくらい浮いている ／濡れていない

ラフではボールが浮いているので、下から上へヘッドを入れていくことも可能な場合があります。ラフの抵抗は少ない。抵抗がどの程度大きくなるかを計算して打ち方を決めることになります。

アプローチ パレット 解答用紙

パレット要素／14項目		+	0	−	選択した項目・メモ
1	グリップの向き				
2	スタンスの向き				
3	肩のラインの向き				
4	体重配分				
5	左右の手の位置				
6	上下の手の位置				
7	フェースの向き				
8	ボールの位置				
9	ヘッドの加速				
10	入射角				
11	軌道				
12	バックスイング				
13	フォロースルー				
14	リズム				

パレットナンバーの詳細は ➡ 22〜23ページ参照

パレット要素／14項目		+	0	−	選択した項目・メモ
1	グリップの向き	○	●	○	スクエアグリップ
2	スタンスの向き	○	○	●	オープンスタンス
3	肩のラインの向き	○	●	○	スクエア
4	体重配分	●	○	○	右足体重
5	左右の手の位置	○	○	●	手が左（ハンドファースト）
6	上下の手の位置	○	●	○	ニュートラル
7	フェースの向き	○	●	○	スクエア
8	ボールの位置	○	●	○	センター
9	ヘッドの加速	○	●	○	ニュートラル
10	入射角	●	○	○	鈍角
11	軌道	○	●	○	インサイド・イン
12	バックスイング	○	○	●	小さい
13	フォロースルー	○	○	●	大きい
14	リズム	○	●	○	中間的

Suggestion A

※こちらの状況写真はあくまでイメージです。
実際のシチュエーションとは異なりますので
ご了承ください。

距離が合う! アッパーブローで乗せる転がし

浮いているボールに対していちばんフェースに当てやすいのはアッパーブロー。ボールをフェースに乗せる感覚で、力をロスなく打ち出しスピードに変換できるので距離を合わせやすい打ち方です

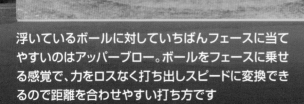

ラフの攻略・提案 Ⓐ

距離が合う! アッパーブローで乗せる転がし

▶右足体重でボールをセンターにおくことで、ヘッドの最下点の後がインパクトになるため、アッパー軌道のスイングになりやすい

▶ハンドファーストで打っているため、少し低めの球で足が出やすい。この場合はスピンをかけない想定のため、ランの計算を忘れずに

Suggestion A

▶アッパーで打ちたいがボール位置を右に置いているため、右足体重を強めにして構える

パレット要素／14項目		+	0	−	選択した項目・メモ
1	グリップの向き	●	○	○	フックグリップ
2	スタンスの向き	○	○	●	オープンスタンス
3	肩のラインの向き	○	○	●	オープン
4	体重配分	○	●	○	センター体重
5	左右の手の位置	○	○	●	手が左 (ハンドファースト)
6	上下の手の位置	●	○	○	手が低い (ハンドダウン)
7	フェースの向き	●	○	○	オープン
8	ボールの位置	○	●	○	センター
9	ヘッドの加速	○	○	●	走らせる
10	入射角	●	○	○	鈍角
11	軌道	●	○	○	インサイド・アウト
12	バックスイング	○	●	○	中間的
13	フォロースルー	○	●	○	中間的
14	リズム	○	○	●	遅い

Suggestion B

※こちらの状況写真はあくまでイメージです。実際のシチュエーションとは異なりますのでご了承ください。

だるま落としを防ぐ鈍角ロブ

フェースを開いて上から入れる打ち方ではだるま落としの危険があるので、ボールの手前にインから浅い入射角で入れ、アッパーブローで当ててラフを脱出します

ラフの攻略・提案 Ⓑ

だるま落としを防ぐ鈍角ロブ

▶振り幅を大きくするため、トップの位置が高くなる。手首のタメをつくるとヘッドが上から入ってしまうので、自然に戻していく

▶入射角を鈍角にしたいのでヘッドを走らせる意識を持つ

Suggestion B

▶フェースを開くことは高さを出すためだけではなく、芝の抵抗軽減効果がある

シチュエーション 04

左足上がりの傾斜

当てやすく上げやすい状況を利用する

SITUATION

✓ 距離	35ヤード（エッジまで20ヤード、エッジから15ヤード）
✓ 風	なし
✓ 状況	受けグリーン ピンまでは少し上り
✓ グリーンの固さ	普通
✓ グリーンの速さ	普通
✓ 芝の状況	ピンの周りはほぼ平ら 野芝のラフ
✓ 芝の長さ＆密度	10センチ／密度は濃密で抵抗は十分ある
✓ 地面の固さ	普通
✓ ボールの状況	2/3程度沈んでいる 地面から3センチくらい浮いている 濡れていない

傾斜に逆らわないように打ちながら、球の高低とスピンコントロールをしましょう

アプローチ パレット 解答用紙

パレット要素／14項目		＋	0	－	選択した項目・メモ
1	グリップの向き				
2	スタンスの向き				
3	肩のラインの向き				
4	体重配分				
5	左右の手の位置				
6	上下の手の位置				
7	フェースの向き				
8	ボールの位置				
9	ヘッドの加速				
10	入射角				
11	軌道				
12	バックスイング				
13	フォロースルー				
14	リズム				

パレットナンバーの詳細は ➡ 22~23ページ参照

パレット要素／14項目		+	0	−	選択した項目・メモ
1	グリップの向き	●	○	○	フックグリップ
2	スタンスの向き	○	●	○	スクエアスタンス
3	肩のラインの向き	○	○	●	オープン
4	体重配分	○	●	○	センター体重
5	左右の手の位置	○	○	●	手が左（ハンドファースト）
6	上下の手の位置	○	●	○	ニュートラル
7	フェースの向き	○	●	○	スクエア
8	ボールの位置	○	●	○	センター
9	ヘッドの加速	○	●	○	ニュートラル
10	入射角	●	○	○	鈍角
11	軌道	○	●	○	インサイド・イン
12	バックスイング	●	○	○	大きい
13	フォロースルー	○	○	●	大きい
14	リズム	○	○	●	遅い

Suggestion A

※こちらの状況写真はあくまでイメージです。
実際のシチュエーションとは異なりますので
ご了承ください。

上がりやすさと止まりやすさを活かし転がす

左足上がりではハンドファーストに構えフェースをスクエアにすることで、ボールが乗りやすくなり、距離を合わせやすくなります。足を出したい時はハンドファーストをキープしましょう

左足上がりの傾斜の攻略・提案 Ⓐ

上がりやすさと止まりやすさを活かす転がし

▶ダウンスイングで腕が遠いところを通過するようなイメージで下ろす

▶ハンドファーストで打とうとすると、ボールの先の地面が高いことで振り抜きづらく低い球が出やすい恐れもあるので要注意

Suggestion A

▶体重位置、ボール位置共にセンター。
自然なハンドファーストで構える

パレット要素／14項目		+	0	−	選択した項目・メモ
1	グリップの向き	○	●	○	スクエアグリップ
2	スタンスの向き	○	○	●	オープンスタンス
3	肩のラインの向き	○	○	●	オープン
4	体重配分	●	○	○	右足体重
5	左右の手の位置	○	●	○	センター（ニュートラル）
6	上下の手の位置	●	○	○	手が低い（ハンドダウン）
7	フェースの向き	●	○	○	オープン
8	ボールの位置	○	○	●	左足寄り
9	ヘッドの加速	○	○	●	走らせる
10	入射角	○	●	○	レベル
11	軌道	○	●	○	インサイド・イン
12	バックスイング	●	○	○	大きい
13	フォロースルー	○	○	●	大きい
14	リズム	●	○	○	速い

Suggestion B

※こちらの状況写真はあくまでイメージです。
実際のシチュエーションとは異なりますので
ご了承ください。

落下角度で止める

上からヘッドを入れてスピンをかける打ち方は、ヘッドが振り抜きづらくなるため、手の位置をセンターにしフェースを開くことが大切。落下角度によって止めるイメージ。

左足上がりの傾斜の攻略・提案 Ⓑ

落下角度で止める

▶スタンス、肩のラインはオープンでヘッドを走らせる意識

▶この打ち方はラフでボールが少し沈んでいる設定での選択。スピンをかけることが難しいため、落下角度で止められる打ち方を選択

Suggestion B

右足体重で手の位置はセンターにしてフェースは開く。ボール位置は体の中心より少し左にしておく

シチュエーション 05

左足下がりの傾斜

上げづらさ、止めづらさを理解したうえで考える

SITUATION

✓ 距離	20ヤード(エッジまで5ヤード、エッジから15ヤード)
✓ 風	なし
✓ 状況	グリーン手前から ピンまでは少し上り ピンの先もずっと上り 右側が少し高い
✓ グリーンの固さ	普通
✓ グリーンの速さ	普通
✓ 芝の状況	野芝のセミラフ
✓ 芝の長さ&密度	密度は濃厚 ごく短く刈られている
✓ 地面の固さ	普通
✓ ボールの状況	浮いている

左足下がりのこのシチュエーションでは、すき間にヘッドを入れやすくする組み合わせを探します。体重位置やボール位置の組み合わせを変えたりすることで、傾斜ごとのヘッドを入れられる空間が作れます

アプローチパレット解答用紙

パレット要素／14項目		＋	0	−	選択した項目・メモ
1	グリップの向き				
2	スタンスの向き				
3	肩のラインの向き				
4	体重配分				
5	左右の手の位置				
6	上下の手の位置				
7	フェースの向き				
8	ボールの位置				
9	ヘッドの加速				
10	入射角				
11	軌道				
12	バックスイング				
13	フォロースルー				
14	リズム				

パレットナンバーの詳細は ➡ 22～23ページ参照

パレット要素／14項目		+	0	−	選択した項目・メモ
1	グリップの向き	○	●	○	スクエアグリップ
2	スタンスの向き	●	○	○	クローズスタンス
3	肩のラインの向き	○	●	○	スクエア
4	体重配分	○	○	●	左足体重
5	左右の手の位置	●	○	○	手が右（ハンドレイト）
6	上下の手の位置	●	○	○	手が低い（ハンドダウン）
7	フェースの向き	○	●	○	スクエア
8	ボールの位置	●	○	○	右足寄り
9	ヘッドの加速	○	●	○	ニュートラル
10	入射角	○	○	●	鋭角
11	軌道	○	○	●	アウトサイド・イン
12	バックスイング	○	●	○	中間的
13	フォロースルー	○	●	○	中間的
14	リズム	○	●	○	中間的

Suggestion A

※こちらの状況写真はあくまでイメージです。
実際のシチュエーションとは異なりますので
ご了承ください。

左足下がりのライから下りのラインに打つと、当然ランが長くなります。そこで転がりすぎないために、スピンが多めに入るランニングを選びました。傾斜の具合によってですが、平らなときと同じ程度の転がり方にとどめられるときがあります

左足下がりの傾斜の攻略・提案 Ⓐ

スピンを多めに入れた転がし

▶左足下がりでスピンをかける場合、傾斜に対して、入射角を鋭角にする

▶アウトサイド・インの軌道と、ハンドダウンの構えによってヘッドが上から入り、スピンがかかるため、下り傾斜でもランを減らせる

Suggestion A

▶右足を少し引いておくと手を通す空間が確保される。スタンスはクローズのようになるが、肩はスクエア

Approach Palette

伊澤の攻略・提案 B

パレット要素／14項目		+	0	−	選択した項目・メモ
1	グリップの向き	○	○	●	ウィークグリップ
2	スタンスの向き	●	○	○	クローズスタンス
3	肩のラインの向き	○	○	●	オープン
4	体重配分	○	○	●	左足体重
5	左右の手の位置	○	●	○	センター（ニュートラル）
6	上下の手の位置	●	○	○	手が低い（ハンドダウン）
7	フェースの向き	●	○	○	オープン
8	ボールの位置	○	●	○	センター
9	ヘッドの加速	●	○	○	走らせない
10	入射角	○	○	●	鋭角
11	軌道	○	○	●	アウトサイド・イン
12	バックスイング	●	○	○	大きい
13	フォロースルー	○	○	●	大きい
14	リズム	●	○	○	速い

Suggestion B

※こちらの状況写真はあくまでイメージです。実際のシチュエーションとは異なりますのでご了承ください。

左足下がりから止めたい場合は、フェースを思い切り開き、ボール位置をセンターにする。入射角は鋭角を意識することでスピンがかかりやすくなります

左足下がりの傾斜の攻略・提案 Ⓑ
ふわっと上げて止める

▶ロフト角と入射角の差が大きくなるので、ボールが上がりやすくなる

▶スイングは大きく速くを意識しボールの下を抜かすようにする

Suggestion B

▶フェースを開き、アウトサイド・インで振って上からヘッドを入れる。打ち出し角が高くなる。そして、バックスピンが多めにかかることで止められる

シチュエーション 06

ツマ先下がりの傾斜

スライス回転のなりやすさを相殺して狙いやすくする

SITUATION

✓ 距離	25ヤード(エッジまで5ヤード、エッジから20ヤード)
✓ 風	なし
✓ 状況	グリーン右手前から エッジまでは少し下り ピンの先は下り ピンまではスライスライン
✓ グリーンの固さ	普通
✓ グリーンの速さ	普通
✓ 芝の状況	野芝のセミラフ
✓ 芝の長さ&密度	密度は濃厚 ごく短く刈られている
✓ 地面の固さ	普通
✓ ボールの状況	浮いている

ツマ先上がり・下がりでは、インサイドとアウトサイド、どちらか空間が広いほうからヘッドを入れるほうが簡単になることを考慮しましょう。

アプローチ パレット 解答用紙

パレット要素／14項目		＋	0	−	選択した項目・メモ
1	グリップの向き				
2	スタンスの向き				
3	肩のラインの向き				
4	体重配分				
5	左右の手の位置				
6	上下の手の位置				
7	フェースの向き				
8	ボールの位置				
9	ヘッドの加速				
10	入射角				
11	軌道				
12	バックスイング				
13	フォロースルー				
14	リズム				

パレットナンバーの詳細は ➡ 22〜23ページ参照

パレット要素／14項目		+	0	−	選択した項目・メモ
1	グリップの向き	○	●	○	スクエアグリップ
2	スタンスの向き	●	○	○	クローズスタンス
3	肩のラインの向き	○	○	●	オープン
4	体重配分	○	○	●	左足体重
5	左右の手の位置	○	●	○	センター（ニュートラル）
6	上下の手の位置	○	●	○	ニュートラル
7	フェースの向き	○	○	●	クローズ
8	ボールの位置	○	●	○	センター
9	ヘッドの加速	○	●	○	ニュートラル
10	入射角	●	○	○	鈍角
11	軌道	○	○	●	アウトサイド・イン
12	バックスイング	●	○	○	大きい
13	フォロースルー	○	○	●	大きい
14	リズム	○	○	●	遅い

Suggestion A

※こちらの状況写真はあくまでイメージです。
実際のシチュエーションとは異なりますのでご了承ください。

フック回転をかけ真っすぐ転がす

ツマ先下がりのライでは普通に打てば右に行きやすくなるところを左に行く要素をとりいれて相殺します。ここではフェースを閉じておく方法を紹介します

ツマ先下がりの傾斜の攻略・提案 Ⓐ

フック回転をかけ真っすぐ転がす

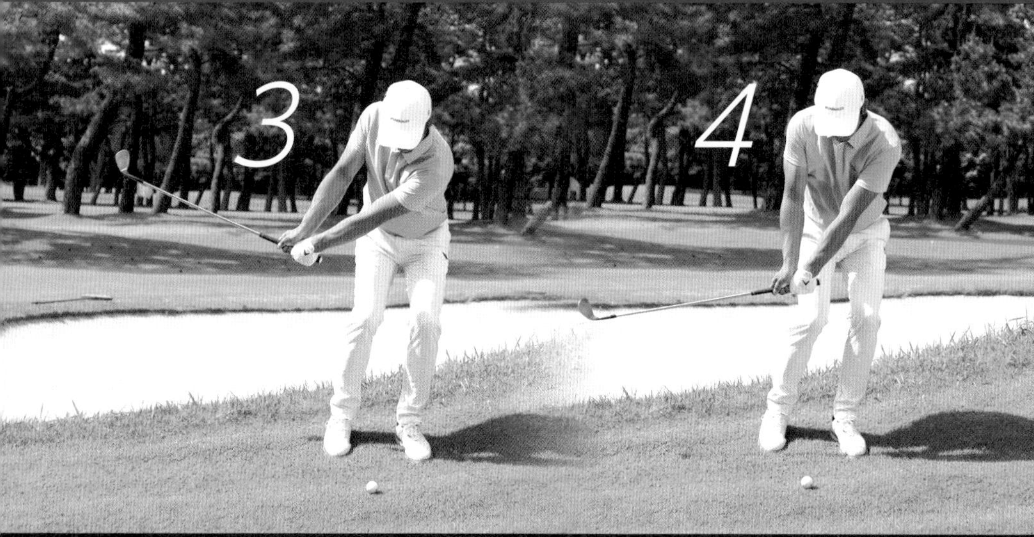

▶切り返しからスイング速度が速くなりやすいが遅いリズムを意識する

▶スイングリズムは最後までゆっくり。それによりインパクトが強くならず転がりすぎを防げる

Suggestion A

▶クローズスタンスでフェースを閉じて構えることで、スライスしやすい状況を相殺することになる。クラブ軌道に対して、それよりもフェースが閉じていればフック回転をさせやすくなる

パレット要素／14項目		+	0	−	選択した項目・メモ
1	グリップの向き	●	○	○	フックグリップ
2	スタンスの向き	○	○	●	オープンスタンス
3	肩のラインの向き	○	○	●	オープン
4	体重配分	○	●	○	センター体重
5	左右の手の位置	○	●	○	センター（ニュートラル）
6	上下の手の位置	●	○	○	手が低い（ハンドダウン）
7	フェースの向き	●	○	○	オープン
8	ボールの位置	○	●	○	センター
9	ヘッドの加速	○	●	○	ニュートラル
10	入射角	○	○	●	鋭角
11	軌道	○	○	●	アウトサイド・イン
12	バックスイング	●	○	○	大きい
13	フォロースルー	○	○	●	大きい
14	リズム	●	○	○	速い

Suggestion B

※こちらの状況写真はあくまでイメージです。実際のシチュエーションとは異なりますのでご了承ください。

オープンスタンスでフェースの向きもオープンにすると右に行きやすくなりすぎますが、フックグリップとハンドダウンで相殺し、真っすぐ狙いやすくしています

ツマ先下がりの傾斜の攻略・提案 Ⓑ

フックグリップで右に行かせない

▶スイングリズムの速さを意識する

▶ツマ先下がりのため、インパクトまでは低い重心をキープし、インパクト以降はそれを解放する

Suggestion B

▶ボールを右に飛ばさないためにも、ハンドダウンにしスタンスを少し広げ、ヒザを曲げて重心を少し低くする

シチュエーション 07

ツマ先上がりの傾斜

フック回転のなりやすさを相殺して攻略

SITUATION

✓ 距離	25ヤード(エッジまで5ヤード、エッジから20ヤード)
✓ 風	なし
✓ 状況	グリーン手前のセミラフ グリーンは右が高い ピン周りは平ら(ピンの手前と奥とで高低差はない)
✓ グリーンの固さ	普通
✓ グリーンの速さ	普通
✓ 芝の状況	野芝のセミラフ
✓ 芝の長さ&密度	密度は濃厚 ごく短く刈られている
✓ 地面の固さ	普通
✓ ボールの状況	浮いている

ツマ先上がりはボールが捕まりやすい状況。左に引っかけないための組み合わせを考えてください。ハンドアップは、フェースの向きを左にしないための選択になります。

アプローチ パレット 解答用紙

パレット要素／14項目		+	0	−	選択した項目・メモ
1	グリップの向き				
2	スタンスの向き				
3	肩のラインの向き				
4	体重配分				
5	左右の手の位置				
6	上下の手の位置				
7	フェースの向き				
8	ボールの位置				
9	ヘッドの加速				
10	入射角				
11	軌道				
12	バックスイング				
13	フォロースルー				
14	リズム				

パレットナンバーの詳細は ➡ 22〜23ページ参照

パレット要素／14項目		+	0	−	選択した項目・メモ
1	グリップの向き	○	●	○	スクエアグリップ
2	スタンスの向き	○	○	●	オープンスタンス
3	肩のラインの向き	○	●	○	スクエア
4	体重配分	●	○	○	右足体重
5	左右の手の位置	○	○	●	手が左（ハンドファースト）
6	上下の手の位置	○	○	●	手が高い（ハンドアップ）
7	フェースの向き	○	●	○	スクエア
8	ボールの位置	●	○	○	右足寄り
9	ヘッドの加速	●	○	○	走らせない
10	入射角	●	○	○	鈍角
11	軌道	○	●	○	インサイド・イン
12	バックスイング	○	●	○	中間的
13	フォロースルー	○	●	○	中間的
14	リズム	○	●	○	中間的

Suggestion A

※こちらの状況写真はあくまでイメージです。
実際のシチュエーションとは異なりますのでご了承ください。

スライス回転を利用して左傾斜を攻略する

フックしやすい状況を相殺するため、右足体重でボール位置も右、さらにハンドファースト、ハンドアップにしています。ちなみに、ロフトが立っている番手を使うことも、左傾斜を相殺する方法の一つです

ツマ先上がりの傾斜の攻略・提案 Ⓐ

スライス回転を利用して左傾斜を攻略する

▶左への出球を防ぐためにもヘッドをいかに走らせないかがポイント

▶クラブを短く持ち、手を高くして構えることで、フェースが左を向くことを防ぎ、左に行きやすい条件を相殺している

Suggestion A

▶ オープンスタンスだがフェースと肩のラインは目標に向け、ボールは右足寄り

パレット要素／14項目		+	0	−	選択した項目・メモ
1	グリップの向き	○	●	○	スクエアグリップ
2	スタンスの向き	○	○	●	オープンスタンス
3	肩のラインの向き	○	●	○	スクエア
4	体重配分	○	○	●	左足体重
5	左右の手の位置	○	○	●	手が左（ハンドファースト）
6	上下の手の位置	○	○	●	手が高い（ハンドアップ）
7	フェースの向き	●	○	○	オープン
8	ボールの位置	●	○	○	右足寄り
9	ヘッドの加速	●	○	○	走らせない
10	入射角	●	○	○	鈍角
11	軌道	●	○	○	インサイド・アウト
12	バックスイング	●	○	○	大きい
13	フォロースルー	○	○	●	大きい
14	リズム	●	○	○	速い

Suggestion B

※こちらの状況写真はあくまでイメージです。実際のシチュエーションとは異なりますのでご了承ください。

スライス回転のショートしやすさを相殺する

フェースを開いて鈍角に入れます。スライス回転をかけるとショートしやすい傾向があるので、スイングの大きさ、速さがポイント

ツマ先上がりの傾斜の攻略・提案 Ⓑ

スライス回転のショートしやすさを相殺する

▶距離がショートしやすい要素を相殺するためにもバックスイングは大きくする

▶左足体重で、ボール位置は右足寄り。ロフトが少し立ち、ボールを乗せやすくなる。スライス回転を入れつつも、ショートしやすい傾向をも相殺する打ち方

Suggestion B

▶ハンドアップ、ハンドファーストはそれぞれボールを右に行きやすくする。が、オープンフェースは距離がショートしやすい要素にもなりえる

シチュエーション 08

バンカー

パレットの組み合わせをバンカーでも確かめておく

SITUATION

✓ 距離	16ヤード （バンカーのへりまで3ヤード、バンカーのへりからエッジまで3ヤード、エッジからピンまで10ヤード）
✓ 風	なし
✓ 状況	アゴはヒザの高さ グリーンは平ら
✓ グリーンの固さ	普通
✓ グリーンの速さ	普通
✓ 砂の状況	水分を含んでいない
✓ 砂の固さ	普通（硬くもなく、フカフカでもなく）
✓ ボールの状況	ディンプル1個沈んでいる

バンカーでもパレットの各項目を変え、組み合わせもいろいろ試し、どのようになるかを確認してください。例えばオープンフェースだけがバンカーの正解ではないことがわかると思います

アプローチ
パレット
解答用紙

パレット要素／14項目		+	0	−	選択した項目・メモ
1	グリップの向き				
2	スタンスの向き				
3	肩のラインの向き				
4	体重配分				
5	左右の手の位置				
6	上下の手の位置				
7	フェースの向き				
8	ボールの位置				
9	ヘッドの加速				
10	入射角				
11	軌道				
12	バックスイング				
13	フォロースルー				
14	リズム				

パレットナンバーの詳細は ➡ 22〜23ページ参照

伊澤の攻略・提案 A

パレット要素／14項目		+	0	−	選択した項目・メモ
1	グリップの向き	●	○	○	フックグリップ
2	スタンスの向き	○	○	●	オープンスタンス
3	肩のラインの向き	○	●	○	スクエア
4	体重配分	○	○	●	左足体重
5	左右の手の位置	○	●	○	センター（ニュートラル）
6	上下の手の位置	○	●	○	ニュートラル
7	フェースの向き	○	●	○	スクエア
8	ボールの位置	○	●	○	センター
9	ヘッドの加速	○	○	●	走らせる
10	入射角	●	○	○	鈍角
11	軌道	○	●	○	インサイド・イン
12	バックスイング	○	●	○	中間的
13	フォロースルー	○	●	○	中間的
14	リズム	○	●	○	中間的

Suggestion A

※こちらの状況写真はあくまでイメージです。
実際のシチュエーションとは異なりますので
ご了承ください。

鈍角に入れて足を出す

取る砂の量でスピンの利きが変わりますが、足を出すときは少し多めに砂をとります。その分、砂の抵抗が大きくなることを計算してください。

バンカーの攻略・提案 Ⓐ

鈍角に入れて足を出す

▶ダウンスイングでは手首の角度をほどきながらヘッドを走らせる

▶ハンドレイト気味でのインパクトにすることで入射角が鈍角になり、バウンスをすべらせることができる

Suggestion A

▶ボール位置はセンター。手の位置もセンターだが、少しハンドファースト気味でもOK

Approach Palette

伊澤の攻略・提案 B

パレット要素／14項目		+	0	−	選択した項目・メモ
1	グリップの向き	○	●	○	スクエアグリップ
2	スタンスの向き	○	○	●	オープンスタンス
3	肩のラインの向き	○	●	○	スクエア
4	体重配分	○	●	○	センター体重
5	左右の手の位置	○	●	○	センター（ニュートラル）
6	上下の手の位置	●	○	○	手が低い（ハンドダウン）
7	フェースの向き	●	○	○	オープン
8	ボールの位置	○	●	○	センター
9	ヘッドの加速	○	○	●	走らせる
10	入射角	○	○	●	鋭角
11	軌道	○	○	●	アウトサイド・イン
12	バックスイング	●	○	○	大きい
13	フォロースルー	○	○	●	大きい
14	リズム	●	○	○	速い

Suggestion B

※こちらの状況写真はあくまでイメージです。
実際のシチュエーションとは異なりますので
ご了承ください。

鋭角に入れて振り切れば止まる

アウトサイド・インで振ると、ヘッドが鋭角で砂に入りやすくなり、ボールが上に飛び出して行きます。フェースを開き鋭角に入れることでバウンスが使え、ボールが止まりやすくなります

バンカーの攻略・提案 Ⓑ

鋭角に入れて振り切れば止まる

▶ボールの下を抜かすためにもテイクバックは大きくする

▶フェースは開いているが、手を低くしているため、フェースの面自体はそれほど右を向いていない。
そのためしっかり捕まえてラインに打ち出せる

Suggestion B

▶入射角を鋭角にするためにも、手の位置を低くし、重心位置も少し低くして構える

タイガー・ウッズのパレット考察

タイガー・ウッズの有名な「16番の奇跡」。マスターズ史に残る名場面と言われるチップインバーディ。2005年大会最終日、クリス・ディマルコとのデッドヒートの中で決めたものです。

フェアウェイとラフの境目にあって、非常にヘッドを入れづらい状況。そこから砲台のように高くなっているグリーン面まで上げる必要があり、その上グリーン面は下りで強い右傾斜。ピンより先は池に向かってさらに下っていく状況で打ったミラクルショット。どのように考え打ったのか。そういうこともパレットの考え方で推測してみました。

パレット要素／14項目		+	0	−	選択した項目・メモ
1	グリップの向き	●	○	○	フック
2	スタンスの向き	●	○	○	クローズ
3	肩のラインの向き	○	●	○	スクエア
4	体重配分	○	○	●	左足体重
5	左右の手の位置	○	●	○	センター（ニュートラル）
6	上下の手の位置	○	●	○	ニュートラル
7	フェースの向き	●	○	○	オープン
8	ボールの位置	○	●	○	センター
9	ヘッドの加速	○	○	●	走らせる
10	入射角	○	○	●	鋭角
11	軌道	○	●	○	インサイド・イン
12	バックスイング	●	○	○	大きい
13	フォロースルー	●	○	○	小さい
14	リズム	○	●	○	中間的

photo by Getty Images

CHECK 1 状況

ラフとの境目で、ボールの手前は葉が邪魔しているので、鈍角には入れられない。砲台で、右傾斜。落ちてから下り斜面。

CHECK 2 打ちたい球

砲台の面まで高さを出し、右傾斜に負けずに進んでいくフック回転＋転がりすぎないためのバックスピンが適度に組み合わさって止まる球。

CHECK 3 パレットの組み合わせ方

右に打つと入らない状況なので肩のラインは少し左を向けています。また、グリップはストロング気味に握っています。クローズスタンスにしているのは、クラブをある程度鋭角に入れたいから。ハンドダウン、左足体重にしているのも、ヘッドを鋭角に入れる意図からでしょう。鋭角に入れるのは手前の芝の影響を低減するため。その一方で球の高さを出さないといけないため、フェースは開き、手の位置はセンターかややハンドレイト気味。ボールはセンターに近い位置ですが、左足体重で鋭角に下りてきても、ハンドレイトなら地面に刺さりづらくなります。しかもスピンもかかります。そのうえでさらに、インパクトで手の動きにブレーキをかけてヘッドを走らせる方法でスピンのかかり方を強くしたと考えられます。

まとめ

クラブの操作としては各要素の絶妙なバランスが必要ですが、寄る確率が一番高くなる組み合わせです。マスターズでの優勝がかかった一打でこの絶妙のバランスを要する打ち方を選び、イメージ通りに実行した技術とメンタルはさすがタイガー・ウッズだと思います。

COLUMN

楽しむことが効率のいい上達法

練習をし成長する……その繰り返しのなかで感じやすいのが「難しい」「できない」と言う感情だと思いますが、私は2歳からゴルフを始めて今に至るまで、その過程で起きたほとんどを楽しいと思えています。なぜなら、その過程で新しい発見の驚きや上手く打てたその理由を知る喜びというプレゼントが必ず存在したからです。

ゴルフに限らず、だとは思いますが、何か新しいことを始めようとするときには好奇心を持って、まずはやってみること、そして一つでも上手くできたことがあったなら、その対極のことも試してみる。例えばアッパーブローを覚えたならその極限まで挑戦してみる。そして今度はその反対のダウンブローも極限までやってみる。そうすることで新しい発見や喜びを体験することができると思います。臆することなくぜひ、いろいろなショットにチャレンジしてほしいです。

Approach Palette

PART 5

パレットを実用化する練習法&ドリル

練習のポイント①

普段から本番(ラウンド)をイメージして練習をしよう

本番の状況を想定することがスコアアップにつながる!

CHECK!

練習場のマット以外からも打ってみよう

練習場ではマットの上のボールを打つだけでなく、いろいろと試すといいと思います。ティーアップして打ったり、マットの薄くなっているところや、マットの端にボールを置いたり、可能ならばマットではないところにボールを置いて打つのもいいと思います。さまざまなライの練習をしておくことが大切です。

コースでの状況と パレットを結びつける

練習場の距離を示した看板やカゴを狙って打つだけの練習をしていませんか？　そうした練習だけではスコアアップに直結するとは言いがたいと思います。

スコアアップにつなげるには、本番を想定することがとても大切です。例えば「ピンの手前はスライスライン」とイメージしてみましょう。すると、入れるためには目標より右に打ち出すとノーチャンスとなります。目標より左に打ち出し、なおかつスライスラインをどう転がすかまで考えます。

そのように「状況の想定」をし、どちらを狙うのかを決めたうえで、パレットをどう組み合わせるのが自分にとってやりやすいのか、上手くいくのか。それを確かめておくことがスコアアップにつながります。

練習のポイント②

狙いやシーンを変えて あらゆる状況を想定し練習

本番と同じように 1球勝負で練習する

カゴや看板を狙う練習は何度も続ければショットを修正しながら近いところへ打てるようになります。それよりも本番でいいスコアにつながるという観点で考えれば、1球ごとに狙う距離や方向を変える練習がおすすめです。そのときは、どういう球を打つかイメージすることが大切なことは先ほど説明したとおりです。

1球ごとに状況設定を変え、どのように打つかを考えパレットを組み立て行います。思考のスピードを速める練習にもなりコースでのプレーファストにもつながります。

アプローチで陥る状況は千差万別です。いろいろな状況があり得るわけですから、考えられる状況すべて試すつもりで練習してください。

1球ごとに狙う距離や方向を変えて練習しよう！

CHECK!

同じ目標へ打つなら狙い方を変えてみる

同じ目標へ続けて打つ場合は、1球ごとにイメージを変えたり狙い方を変えてみましょう。パレットの組み合わせを替えまったく違う球を打ったり、同じような球が打てるパレットの異なる合わせ方を見つけることができます。その中でそれぞれの打ち方のズレの傾向や確率の高さを確かめておくとそのデータが実戦で活きます。

練習のポイント③
フェース磨きの大切さ

クラブを使用する前に必ずフェースは磨く

ボールとコンタクトするフェースの状態を気にかける！

▶フェースが汚れていると、上手く打ってもイメージ通りの球にならない。それでは腕を磨くこともできない!

クラブの機能を最大限引き出す

クラブが持っている機能を引き出すことができなければ狙いどおりに寄せられません。そのためクラブの手入れは大切です。とくにフェースを磨く作業は必要不可欠だと考えます。磨いてフェース面についた土や芝の葉を落とすのはもちろん、フェースのミゾの中に残っている「砂の名残」ま

理想の「伊澤モデル」を生み出すこだわり

手早くミゾのゴミを取り除くための「ベストなブラシ」を開発中です。写真は、毛の角度や長さから素材までをさまざま変えたプロトタイプの一つのモデル。

※こちらのブラシは試作品です。詳細が決定次第、伊澤プロのYouTubeチャンネルにて発表!

でもきれいにしておかなければ思うような球を打てませんし回転もかけられないでしょう。

プレー中であれば手早くきれいにしてくれるブラシがほしいところですが、市販の商品に満足のいくものがないのが問題。現在、素材や毛の長さ、毛の角度などについて研究を重ね、最良のブラシ開発に向け試行錯誤中です。

CHECK!

ソールの角度もこだわるポイント!

道具でこだわる部分がソールです。ソールの下に膨らんでいる度合いを示すのがバンス角。これを部分ごとに角度を変えるために削りを入れたりもしています。

練習のポイント④

ショットの当て感やクラブ操作が身につくドリル

クラブ操作は反復で体に染みこませる

クラブ操作を覚えたり、スイング動作の正確性を高めていくといった目的ではドリル練習が有効です。技術力向上のため反復する中で感覚を磨いていくことができます。

ボールの打ち出し角度、強さ（スピード）、回転軸と回転量は、インパクトでのヘッドの当たり方が決めます。それを決めるのが、ヘッドがインパクトに入ってくる角度と、フェースが向いている方向とのズレ。ですので、インパクトを自在に変化させる「当て感」を身につけていけば様々なアプローチショットの精度が高まっていきます。ここではクラブ操作につながる体の動きを身につけるドリルを紹介します。パレットの選択肢の幅を広げられるのもメリットです。

パレットの選択肢を広げるために
クラブ操作を磨いていく！

1PIU1UGUALE3
GOLF

ボールキャッチ

APPROACH DRILL 1

▶上手くスピードを合わせると、フェースにボールを乗せたまま、上にボールを放り上げてキャッチしたり、ボールを背後に落とすこともできるようになる

1ヤード飛ばし

▶初めからボールを上へ放ることは難しいので、フェースにボールを乗せて1ヤード先に落とすことから始めればいい

「当て感」を養うドリル。ボールに当たる際に、
ボールをフェースに乗せるのか、ボールの下を抜くのかの使い分け。
ロフト角、入射角とスピードのバランスをとって違いを生み出す。

ボールを乗せる

▶インパクトの形からヘッドを進ませ、ボールをフェースに乗せる。実際に打つときと同じように、下半身の動きでクラブを動かす。スピードとロフト角の関係でフェースに乗せる

ボールを抜く

▶ボールの打ち出し角度とヘッドを振り抜く角度に差をつけて、ボールの下を潜らせることで抜く感覚を身につけよう

APPROACH DRILL 2

ティーアップ

▶ハンドファースト（手がヘッドより前）の形でアドレス。インパクトもハンドファーストの状態で迎える

▶両手がヘッドの真上にある状態（ニュートラル）でアドレス。インパクトもニュートラルの状態で迎える

▶ハンドレイト（手がヘッドより後ろ）の形でアドレスする。インパクトもハンドレイトの状態で迎える

**ティーアップし、ヘッドをボールに
当てに行く軌道やヘッドを自在に操る「当て感」を養う。
手とヘッドの位置関係（下）、入射角（次ページ）のほか、軌道を変えて打つ。**

ハンドファーストのアドレスから始動

ニュートラルのアドレスから始動

ハンドレイトのアドレスから始動

ティーアップ

▶ティーアップしたボールに対し、ヘッドを下から上へ向かう軌道でフェースに当てる

▶ティーアップしたボールに対し、ヘッドをスイング軌道の最下点でとらえる

▶ティーアップしたボールに対し、ヘッドを上から下へ向かう軌道でフェースに当てる

ヘッドを鈍角に入れていく

ヘッドをレベルに入れていく

ヘッドを鋭角に入れていく

APPROACH DRILL 3

2球並べて打つ

ハンドレイトのアドレスから始動

▶ハンドレイトの形でアドレスを作り、インパクトでもその形になるようにする。この状態でフェースをスクエアにして打つためには、ニュートラルとは違う感覚が必要となる

ボール2個を並べて打つ。「当て感」をさらに磨くドリル。
フェースを完全にスクエアにしてインパクトすると、ボールは真っすぐ同じように
これもやはり手とヘッドの位置関係を変えたバージョンも行なう

ニュートラルのアドレスから始動

▶両手がヘッドの真上に来る状態（ニュートラル）で構え、フェースをスクエアにしてボールに当たるようにする

ハンドファーストのアドレスから始動

▶ハンドファーストの形でアドレスし、その状態でインパクトするイメージを持って振る。この状態でフェースをスクエアにする

引きずり

APPROACH DRILL 4

バンスを使ってソールを滑らせるだけで、ボールを拾ってくれることを知っておく。

アドレスは地面

▶ ヘッドを後ろに引いた位置で地面につける。重力に主導権を与えた状態

地面を滑らせる

▶ 芝の上を引きずってヘッドをボールに当てる。ソールにはバンス（刃より下にふくらんでいる）がある効果で芝の上を滑ってくれる

ロフトで上げる

▶ クラブにはロフト角があるので、ボールは上に向かって打ち出される。ストロンググリップにしたほうがやりやすい

バンスとロフトに仕事をさせよう

クロスハンド・スプリットハンド

APPROACH DRILL 5

ヘッドと自分の距離を変えずに振る感覚と、ヘッドを体の正面から外さないで振る感覚を身につけられる。

両手は胸の正面

▶体の中心から手元の距離、体の中心からヘッドの距離を変えないよう意識する。両手は胸の正面。で左腕とクラブはほぼ一直線になる。ヘッドを体の正面から外さず体を回転させて打つ

両手を離す

▶クロスハンド(左右の手を逆に)で両手を離してクラブを持つ。自分とヘッドの距離を一定にするには、クラブと腕の角度をキープする

APPROACH DRILL 6

片手打ち

▶おすすめのイメージは時計の構造。内部で歯車(下半身や体幹)が動きを作り、針(腕とクラブ)が結果として動くというもの。できるだけゆっくり振る意識を持つ

▶右手と同様にイメージは時計の構造。内部で歯車(下半身や体幹)が動きを作り、針(腕とクラブ)が結果として動くというもの。できるだけゆっくり振る意識を持つ

片手ずつでクラブをコントロールして打つ。ゆっくり振ること。柔らかく全身でクラブを使う感覚を身につける。

右手打ち

▶右手を通常と同じ位置でグリップし、クラブの重さを利用して振り、芯に当てる。手で操作するのではなく、体が動いて腕が振られ、クラブが振られる感覚を身につける

左手打ち

▶左手でも同様に。体（下半身や体幹）を動かして振ること

APPROACH DRILL 7

フック&スライス回転

▶軌道に対してフェースは閉じている

▶フェースはボールを包み込むように動いていく

▶軌道に対してフェースは開いている

▶フェースはボールを切るように動いていく

回転を自在に操る感覚を養うドリルその1。
フック回転とスライス回転をかける。
ここでは一番簡単な方法をドリルとして紹介。

フック回転 フックはフェースを閉じてインサイド・アウトで当てる

▶インサイド・アウトの軌道で振るため、トップは低くなる

▶フェースを閉じた状態で下ろす

スライス回転 スライスはフェースを開いてアウトサイド・インで当てる

▶アウトサイド・インの軌道で振るため、トップは少し高めになる

▶フェースローテーションさせないで下ろす

ロースピン&スピン回転

▶ハンドファーストで下から上に動かして
ボールに当てるとロースピンをかける
イメージになる

▶軌道に対してボールが低く出て
バックスピン量を減らす

▶ボールの下を抜いて打ったため、ヘッド
よりあとからボールが飛び出す

▶フィニッシュではクラブを立てるイメージ

回転を自在に操る感覚を養うドリルその2。
ロースピンとスピン回転をかけるイメージで、
バックスピン量を変える。

ロースピン 「下から上」に当てて乗せてロースピンをかける

▶下から上に振って当てるため、トップは低め。フェースは閉じている

▶ハンドファーストでヘッドを低い位置に下ろす

スピン回転 「上から下」に当てて抜いてスピンをかける

▶上から下に振るため、トップは高め。フェースはかなり開いている

▶ヘッドを加速させフェース面を戻しながらインパクトする

目をつぶって打つ

APPROACH DRILL 9

目をつぶって打つ。難しいことを練習しておけば目を開けて打つことなど、やさしく感じられる。本番を楽にするためのドリル。

視覚以外の感覚を総動員してスイングを作る

目をつぶる ▶ 目をつぶり感覚を研ぎ澄ましてボールを打つ

APPROACH DRILL 10

リフティング

**ボールを落とさないように
ヘッドで当て続ける。サッカーの
ボールリフティングのゴルフ版。**

クラブヘッドを自在に操る感覚を養う

ヘッドで球を操る

▶クラブヘッドを操りボールを思いどおりに打ち出す感覚を身につける

フェースの当てる場所を変える

▶ボールが当たる位置を変えて手応えの違いと出球の違いを感じ取る

回転をかける

▶インパクトの瞬間にヘッドを動かし、リフティングしているボールに回転をかける

APPROACH DRILL 11

グニャグニャシャフト

シャフトをしならせる打ち方

▶通常のスピードで通常の力の出し方で振ると、自然にしなり、しなり戻る。そのタイミングを合わせてボールを真っすぐ打ち出す方法を考えてみよう

タイミングを合わす

▶単にしなり戻りのタイミングを合わすだけでなく、しなっているときに打つことも、しなり戻ってから打つことも試す

シャフトが自然にしなりしなり戻る！

簡単にしなるクラブを使ってボールを打つ。シャフトのしなりを感じて打つバージョンとしならせないで打つバージョンがある

シャフトをしならせない打ち方

▶通常の感覚で振るとしなってしまう柔らかいシャフトを、あえてしならないように振って打つ。シャフトにどのような負荷をかければいいのかを探っていこう

しならせない方法とは?

▶シャフトに「止める動き（カウンター）による負荷」をかけないように振るなどの方法がある

クラブを引っ張り続ける中でインパクトする

Epilogue

上手くなるために必要な〝無意識〟で打つショット

無意識下で打てるようになること、そのショットを自分で説明できること、それが自己構築の完成形です。アプローチも含めゴルフのショットは無数にあります。たくさんの打ち方があり、そこで出会ったシチュエーションごとに違います。よく「基本」と言われますが「基本」とは自分だけの「基本」であり万人に共通する「基本」はありません。自己構築していくなかで、自分なりの基本を作ることがゴルフ上達の近道となります。そして、ショットのキャパ（数や容量）を増やすためには無意識下で打てるようになることが重要です。無意識で打てるようになるためには莫大な練習量が必要なのではと感じる方がいるかと思いますが、このアプローチパレットを活用すれば習得速度は飛躍的に上がります。

例えば、1つのショットを身につけるための練習をします。実際に指導するときに行う練習法の1つですが、1日の練習で200球程度打つとするなら200球を細分化します。まずはいろんな打ち方を試してみることから始めます。指針が何もないとただひたすらショットを打つだけになってしまいますが、アプローチパレットを参考にすれば試すべきことが明白です。選択肢が分かっているため様々なショットを試すこともでき、そこで自分なりの組み合わせ＝自己構築していく取っ掛かりとなります。最初の100球はそういった意識下のもとで行い、様々な選択肢を試してみます。その結果を踏まえて残りの100球は無意識下で行います。そうすると無意識下で打つ後半には、そのショットが少しずつ整ってきているはずです。このような練習を繰り返していくことで無意識で打てるショットが増え、ショットのキャパ（数や容量）が増えていくのです。意識しなくても自然に打てるようになること、すなわち無意識下で打てるようになることと同時に意識的に様々な組み合わせを試した結果であれば、自分でそのショットの説明ができるようになります。これが自己構築の完成形です。本書のアプローチパレットを活用すれば、ゴルフは確実に上手くなります。上達が実感できればゴルフライフをより楽しく充実したものにしてくれます。ぜひ試してみてください。

伊澤秀憲

伊澤秀憲
特別動画

本書に掲載されているドリルを
動画にて解説

著 者

伊澤秀憲（いざわ ひでのり）

二度の賞金王、伊澤利光を叔父にもち、インストラクターの祖父・利夫さんより2歳から英才教育を受けてきた。同年代の石川遼プロとは親交が深く、技術的なアドバイスを送るなど、その卓越した指導法でも注目を集める。特に"アプローチの神"とされるショートゲームについては多くのツアープロから支持を集めている。アンダーパー所属。

STAFF

編　　集 ▶ 城所大輔（多聞堂）
ライター ▶ 長澤 潤
デザイン ▶ シモサコグラフィック
イラスト ▶ 庄司 猛
撮　　影 ▶ 天野憲仁（日本文芸社）
撮影場所 ▶ 富里ゴルフ倶楽部
　　　　　太平洋クラブ 八千代コース
写　　真 ▶ Getty Images／iStock
協　　力 ▶ 株式会社アンダーパー

スピンを操《あやつ》る The《ジ》 Approach《アプローチ》 Palette《パレット》

2023年10月10日　第1刷発行
2024年10月20日　第4刷発行

著　者　伊《い》澤《ざわ》秀《ひで》憲《のり》
発行者　竹村 響
印刷所　株式会社文化カラー印刷
製本所　大口製本印刷株式会社
発行所　株式会社日本文芸社
　　　　〒100-0003 東京都千代田区一ツ橋 1-1-1 パレスサイドビル 8F

Printed in Japan　112230928-112241009 Ⓝ 04（210104）
ISBN978-4-537-22045-2
URL：https://www.nihonbungeisha.co.jp/

（編集担当：菊原）